# 슬픔이 따스함으로 변할 때까지

문효원 지음

# 슬픔이 따스함으로 변할 때까지

**초판 1쇄 발행** 2025년 12월 1일

| | |
|---|---|
| **지 은 이** | 문효원 |
| **발 행 인** | 권선복 |
| **편　 집** | 권보송 |
| **디 자 인** | 서보미 |
| **마 케 팅** | 권보송 |
| **전 자 책** | 서보미 |
| **발 행 처** | 도서출판 행복에너지 |
| **출판등록** | 제315-2011-000035호 |
| **주　 소** | (157-010) 서울특별시 강서구 화곡로 232 |
| **전　 화** | 0505-613-6133, 010-3267-6277 |
| **팩　 스** | 0303-0799-1560 |
| **홈페이지** | www.happybook.or.kr |
| **이 메 일** | ksbdata@daum.net |

값 22,000원
ISBN 979-11-24134-01-6 (03810)

Copyright ⓒ 문효원, 2025

* 이 책은 저작권법에 따라 보호받는 저작물이므로 무단전재와 무단복제를 금지하며, 이 책의 내용을 전부 또는 일부를 이용하시려면 반드시 저작권자와 〈도서출판 행복에너지〉의 서면 동의를 받아야 합니다.

도서출판 행복에너지는 독자 여러분의 아이디어와 원고 투고를 기다립니다. 책으로 만들기를 원하는 콘텐츠가 있으신 분은 이메일이나 홈페이지를 통해 간단한 기획서와 기획의도, 연락처 등을 보내주십시오. 행복에너지의 문은 언제나 활짝 열려 있습니다.

# 슬픔이
# 따스함으로
# 변할 때까지

문효원 지음

## 상처 입어도 다시 사랑하라

"나는, 사랑의 다리가 되고 싶었다"

## 프롤로그

내가 글을 쓰면, 그것이 시나 수필이든 모두 자서전 같다. 화가가 그림을 그리면, 인물과 꽃 풍경화나 추상화를 그려도, 그 또한 자화상이 아닐까.

나는 그동안 시와 수필을 써왔다. 생각난 대로 썼고, 쓸 수 있는 대로 썼다. 잘 쓰든 잘 못 쓰든 그것이 나의 글이니까. 나의 부족함을 잘 알고 있기에 이것을 세상에 내놓는다는 것은 부끄러워서 용기가 필요하지만, 이번에는 그래도 부족한 대로 책을 내기로 했다. 한글 실력의 부족함에 대해서는 도움을 받을 수 있다고 믿으면서. 협조해 주신 행복에너지 사장님, 편집 담당 선생님들, 존귀한 분들께 마음을 다해 감사드립니다.

이제껏 글을 쓸 수 있도록 인도하고 길러 주신 윤영남 교수님. 나를 늘 격려해 주시고 비전을 주신 이상헌 선생님, 꽃뜰시낭송회 엄경숙 원장님께 진심으로 감사합니다. 기석 아니고선 신이 아니고선 할 수 없는 오묘한 만남과 인도함이 있었습니다. 이길연 박사님, 지금은 저세상에 가신 추연구 사장님, 부족함을 탓하기보다 응원해 주시고 기도해 주신 분들과. 항상 문학의 길에서 어깨동무해 주신 소중한 문우님들께 깊은 감사의 마음을 오래 간직하겠습니다.

### 추천사

인생의 가장 깊은 슬픔을 마주했을 때, 그것을 따스함으로 바꿀 수 있는 사람이 얼마나 될까. 『슬픔이 따스함으로 변할 때까지』는 그 질문에 대한 한 여인의 답이다.

저자 문효원 님은 일본인으로 태어나 한국으로 시집와 언어와 문화, 신앙의 경계를 넘으며 살아온 사람이다. 남편과의 결혼, 타국에서의 삶, 그리고 인간관계의 상처와 고독을 그녀는 원망이 아닌 '사랑'으로 받아들였다. 그녀의 여정은 슬픔의 기록이 아니라, 용서와 회복, 그리고 신앙의 서사시다. 방송작가로서 수많은 삶을 써왔지만 이토록 진심이 한 줄 한 줄에 스며든 이야기는 드물다. 그녀는 말하지 않아도 울림이 있고, 설명하지 않아도 진심이 전해진다.

나는 이 책을 읽으며 깨달았다. 말은 사람의 운명을 바꾸고, 진심은 세상을 움직인다. 문효원 님의 삶은 바로 그 증거다. 그녀의 슬픔이 이렇게 아름다운 따스함으로 피어날 수 있었던 것은, 그 안에 '사랑의 말씨'가 있었기 때문이다.

**이상헌** 방송작가, 『흥하는 말씨 망하는 말투』 저자

•

　문효원 작가의 수필집 『슬픔이 따스함으로 변할 때까지』는 인간의 고통과 그리움을 따스한 사랑으로 승화시키는 아름다운 영혼의 기록이다. 작가는 삶의 깊은 상처를 통해 오히려 인간 존재의 진실에 다가서며, 고통을 품은 마음이 어떻게 다시 희망과 연민으로 피어날 수 있는지를 보여준다.

　일본에서 태어나 한국에서 가정을 이루며 문화적 차이와 언어의 벽, 그리고 인생의 여러 굴곡을 겪은 그녀는, "결혼은 실망부터 시작한다"는 깨달음 속에서도 참사랑의 의미를 찾아 나선다. 그 과정에서 낙엽, 호박잎, 부부의 손길, 부모의 목소리 하나하나가 모두 인생의 은유가 되어 독자의 마음을 따뜻하게 적신다. 문효원 작가의 문장은 화려한 수사 대신 진솔한 체험과 묵직한 성찰로 빛난다. 그녀의 글을 읽는 동안 우리는 슬픔이 결코 끝이 아니라, 새로운 사랑과 희망으로 이어지는 문이라는 사실을 깨닫게 된다.

**용정식** 세계통일무도연맹 세계이사장

## 삶과 슬픔을 잇는 그리움의 철학

작가의 과거는 사랑하는 가족과의 이별을 통한 그리움과 슬픔 속에서 살았지만 그 슬픔은 다시 삶의 우연과 진실을 끌어안으며 애틋함과 따뜻함을 빚어낸다. 그의 글은 삶의 거창한 언어 대신 담백한 서정과 깊은 그리움으로 독자들에게 다가선다.

그의 대표작 『슬픔이 따스함으로 변할 때까지』에는 이런 구절이 있다.

> "아픈 것은 살아 있기 때문인 것처럼,
> 그리운 것은 살아 있기 때문이다"

그에게는 일상이 단순한 삶의 풍경이 아니라 슬픔과 그리움으로 응축되고 다시 삶의 일부로서 따뜻한 연민이 되어 되살아난다.

**박흥식** 더코리아저널 편집인

안녕하십니까? 종로 예총 회장 배연입니다. 가을이 깊어가는 아름다운 계절을 맞이하면서 이번에 두 번째로 발표하는 문효원 수필가의 『슬픔이 따스함으로 변할 때까지』 수필집 발간을 진심으로 축하합니다.

문효원 작가는 수필가로서 글을 쓰고 그림을 그리는 화가로서 시중유화, 화중유시(詩中有畵, 畵中有詩)라는 말이 잘 어울리는 작가라고 생각합니다. 살다 보면 누구나 크고 작은 슬픔을 만나게 되겠지만 작가는 너무나 큰 아픔을 겪으면서도 개인적인 슬픔을 온 인류와 하늘의 심정으로 체휼하며 오히려 따스함과 기쁨으로 아름답게 승화시키는 기적을 삶 속에서 실천하고 있습니다. 끊임없는 정성과 봉사, 절대적인 믿음으로 이웃에게 귀감이 되고 감동을 주시는 문효원 작가의 앞날에 하나님의 축복과 건강이 함께하고 행복하시길 기원합니다. 감사합니다.

**배연** 종로 예총 회장

● 　문효원 선생의 수필집은 예술과 삶의 궤적을 따라 그려낸 한 편의 서사시와도 같습니다. 우리가 흔히 '서사시' 하면 생각하는 것과는 정반대로, 저자의 글은 일상적인 시어로 가장 평범한 것들을 노래하고 있지만 그 안에 담긴 울림은 결코 평범하지 않을 수 있다는 것을 보여주고 있는 것입니다.

　한일 간의 평화를 위해 한국 사람과 결혼하여 한국인이 되겠다는 결단에서부터 결혼과 가정생활의 갈등, 불의의 사고로 자녀들을 잃은 크나큰 슬픔, 회복과 극복에 대한 조용하지만 강한 의지에 이르기까지…이 책에 수록된 수필과 시를 읽다보면 거대한 슬픔과 삶에 무게에도 불구하고 주변의 모든 것에 대한 감사와 한일 간의 평화를 진심으로 바라는 저자의 마음에 공감하게 될 것입니다. 진심이 담긴 따스한 화폭과 시어, 그리고 낭송의 울림 속에 담긴 문학적 비전은 독자들에게 깊은 감동과 사색으로 다가갑니다.

　꽃뜰힐링시낭송원에서 함께한 인연으로, 그 진정성과 성취를 기꺼이 추천하는 바입니다.

꽃뜰힐링시낭송원 원장

• 일본인으로 태어나 일본보다도 한국을 더 사랑하는 사람들이 있다. 이마무라 게이꼬 상도 그중 한 사람이다. 그래서 한국 남자와 결혼했고, 슬하에 네 명의 자녀를 두었다. 아예 한국의 흙이 되겠다고 다짐하고, 문효원이라는 이름으로 귀화했다. 그런데, 어느 날 화마에 금쪽같은 아들딸 넷을 한꺼번에 잃어버렸다. 끝도 없는 절망의 어둠 속을 헤매고 있을 때, 문학과 예술이라는 한 줄기 희망의 빛이 들기 시작했다. 수필과 시 작법 배우기에 시간과 에너지를 쏟아부었다. 마침내 문단에 등단하고, 시 낭송에 도전하여 수상하기도 했다. 타고난 그림 솜씨로 화가의 길도 걷고 있다.

예술이나 문학 작품 속에는 작가의 성품이 내재되어 있다. 철학도이자 구도자인 필자가 한국과 일본에서의 체험적 삶을 수필로 풀어내고, 시로 승화시켜 세상에 선보이게 되었다. 독자는 책장을 넘길 때마다 촌철살인의 큰 감동을 느낄 것이다. 이 책의 출판을 자양분 삼아 문효원 시인이 문단의 거목으로 성장하길 바라며 지켜보고자 한다.

**이성만** HJ 매그놀리아국제병원 이사장

•

　경계를 넘어선 언어로 길어 올린, 영혼의 따스한 보고서입니다. 문효원 작가님의 시·수필집 『슬픔이 따스함으로 변할 때까지』를 읽는다면, 한 인간이 짊어진 시간과 정서의 깊은 지층을 탐사하는 일과 같습니다. 이 책의 무게 중심에는 일본에서 건너온 30여 년 전, 경계를 넘어 한국인의 삶을 선택한 작가님의 독특하고도 아름다운 여정이 놓여 있습니다. 익숙한 고향을 떠나 낯선 땅에 뿌리를 내리는 과정에서 겪었을 수많은 슬픔, 고독, 방황의 순간들이 작가님의 언어를 통해 비로소 빛을 얻습니다.

　시에서는 응축된 감정의 불꽃을, 수필에서는 잔잔하고 단단한 사유의 물길을 보여주는 이 책의 가장 큰 미덕은 '슬픔을 외면하지 않고 온전히 끌어안아 따스함으로 피워내는 힘'입니다. 단순히 과거를 회상하는 것을 넘어, 작가님의 삶을 구성하는 모든 고난과 기쁨이 이제는 한국어로 깊이 통찰되고 승화된 감동을 줍니다. 이는 작가님의 내면이 이룬 가장 눈부신 귀화(歸化)의 증명이기도 합니다.

　문효원 작가님의 언어는 이제 우리 모두의 슬픔을 안아주는 포옹이 되었습니다. 부디 이 따뜻한 여정에 함께 해주시길 진심으로 마음을 포개며 추천합니다.

**윤영남** 교육학 박사, 시인, 수필가

# 목차

프롤로그 • 5

추천사 • 6

( 수필의 장 )

슬픔이 따스함으로 변할 때까지 • 15

( 시의 장 )

선물 같은 하루 • 235

평설 • 272

에필로그 • 280

출간후기 • 282

수필의
장

# 슬픔이
따스함으로
변할 때까지

## 낙엽 이야기
### -그다음 해-

올해도 낙엽을 그렸다. 작년까지는 새빨갛고 선명한 벚꽃 나뭇잎이랑, 감나무 낙엽에 눈을 빼앗겨 발걸음을 멈추어 한참 보기도 했고, 정신없이 사진을 찍기도 했는데…. 올해는 유난히 플라타너스 나뭇잎이 자꾸 눈에 띄고 멋있게 보인다. 내가 그린 플라타너스 나뭇잎은 한쪽이 갈색이고 한쪽은 초록색이다. 날아가다가 부딪치고 깨지고 밟히고……. 그리면서 "어떻게 살았니?"라고 나는 저절로 그 낙엽에게 묻게 되었다.

"어떻게 살았니?"

그렇게 물으면서 계속 그리게 되었다. 낙엽의 한평생을 위로하고 수고했다고 말하고 싶었다.

다음 날, 둔촌동 일어 수업으로 가는 길에, 플라타너스 낙엽들이 여기저기 바람에 날아다니고 있었다. 길가에 떨어져 있는데, 그 낙엽들이 이번에는 제각기 "어떻게 살았니?" "어떻게 견뎠니?" 메아리칠 듯 내게 묻는 것 같았다. 나는 그 나뭇잎 한 장을 주워 봤다. 햇빛에 비추어 보았다. 빛을 비추어 보니 아름답지 않은 존재가 없다는 생각이 들었다. 이제껏 나는 무엇이든 '이래야 한다.'라고 지나치게 생각했던 것은 아닌가? 높은 이상, 높은 욕망, 일단 내린다고 생각을 해본다.

-나무에서 떨어져 바닥을 뒹구는 낙엽을 보면서-
2015, 10월

## 찬 바람이 불면

"찬 바람이 불어야 호박이 열린다고 해요" 다문화가정 미술교실 선생님이 시골집에 다녀와 학생들을 위해 호박 사진을 보여주면서 말씀하셨다. 동글동글 여기저기 열린 호박과 말라서 찌그러진 호박잎들. 시들어진 꽃을 붙인 채 열리는 호박도 예뻐 보였지만 나는 말라서 찌그러지고 쭈글쭈글한 호박잎을 그리기 시작했다. 붉은 갈색, 짙은 갈색, 연한 갈색. 밖으로 안으로 휘어져 주름진 호박잎을 그리기는 쉽지 않았다. 어느 사이에 나는 그림에 빠질 듯 색연필을 짧게 움직이면서 계속 그리게 되었다.

찬 바람이 불면 호박잎은 말라간다. 더는 덩굴손을 펼치는 것을 멈추고 자신에게 있었던 모든 수분과 영양분을 열매를 맺기 위해 사용하며 자신은 말라가는 것이다. 더는 자기 몸에 영양분을 저장하지 않는 것이다. 그리고 신기하게 점점 커가는 호박은 커다란 늙은 호박이 되어 사람의 몸에 좋은 보약이 된다.

그 후 어쩌다 지나간 길옆 시골집 담에 매달려 있는 호박잎을 보았다. 내가 그린 호박잎과 닮아서 관찰하고 만져봤다. 그랬더니, 그것이 웬일인지 와르르 부스러진 것이었다. 아아 이렇게도 약했구나. 그릴 때는 그렇게 장대하다고 느꼈는데. 그 호박잎은 내 아버지와 어머니와 닮았었다. 파란만장한 인생을 오직 아
들딸을 위해 사셨고 이제 나이 드셨음에도 사치스럽게 생활할 줄도 모르고 겸손히 사신다.

 자연은 위대한 스승이다. 무심코 먹고 지나가던 호박과 호박잎. 그림을 그리면서 그림 선생님의 한마디 말로 참 많은 것을 생각하고 느끼고 배웠다. 나도 그리 살아야 하겠다. 열심히 살다가 찬바람이 불 때면 모든 것을 다음 세대를 위해 주고 남기고 내 생애를 끝마치는 것, 그 자체가 아름답다. 다시 나는 찌그러진 호박잎을 보면서 말한다. 고마워 호박잎아. 너도 참 수고가 많았지. 내가 너를 기억한다.

# 낙엽의 노래
### -아버지와 녹음테이프-

　오빠가 처음으로 산 녹음기. 그 녹음기로 녹음한 노래. '낙엽의 노래'다. 노래를 부른 사람은 바로 나. 그것을 듣고선 큰언니가 "게이꼬는 음치네"라 말해서 충격을 받았었다. 잘 불렀다고 나는 생각했었기 때문이다.

　쉰을 넘어 낙엽에 대해 특별히 관심을 두게 되었다. 낙엽의 그림도 그리고 글도 쓰면서, 혹시 오십여 년 전에 녹음한 그 테이프가 지금도 있나 생각했다. "오빠, 혹시 옛날에 처음 녹음한 녹음테이프 지금도 있어?"라고 물었다. 아버지가 돌아가신 다음 해 추석이었다. 큰 기대는 안 했었다. 저녁에. 큰언니와 이야기하고 있는데 오빠가 "자" 테이프를 건넸다. "있었어요?" 나는 그것이 아직도 존재한다는 것이 신기했다. 어머니가 민요교실 때 쓰셨던 카세트를 가지고 와주셨다. 카세트에 테이프를 넣었다. 스위치 온.

무엇이 기쁜 낙엽일까요
다 같이 크크, 크크 웃고 있어요.
보세요, 웃고 있지요
크크, 크크, 크크, 크크
빨간 낙엽 노란 낙엽

작은 새가 되고 싶은 낙엽이지요
하늘을 향해 나풀나풀 날아가지요
보세요, 날아가지요
나풀나풀, 나풀나풀
빨간 낙엽 노란 낙엽

여섯, 일곱 정도의 여자아이의 목소리. 음치가 아니고 제법 정확한 음정이다. 큰언니가 "어머 귀엽다~" 소리를 냈다. 귀를 기울여보니까 모두가 집에 있었는지 옆에서 할아버지, 할머니, 어머니의 목소리도 들린다. 그런데……. 그때는 나 혼자 불렀다고만 생각했었는데, 나와 함께 노래를 부르고 있는 또 한 사람의 목소리가 있지 않은가. 그것은 아버지였다. 아버지가 막내딸과 함께 낭랑한 목소리로 딸의 목소리에 맞춰 부르고 계시는 것이었다.

"아빠"

신기함과 감동이 내 마음에 밀려왔다. 딸이 하는 것은 다 좋다는 아버지였다. 때리신 적도 없었고 이래라저래라하신 적도 없었다. 학교 성적 통신부를 보실 때도 생긋생긋 웃으시며 좋은 말만을 해주셨다. 고교, 대학, 취직하면서 성장하는 데 따라 "게이꼬는 글씨를 잘 쓰게 됐구나." 등 한마디씩 해주셨다. 소소한 일은 어머니가 말씀하시고 아버지는 좀 멀리서 나의 성장을 지켜보고 계셨던 것 같았다. 평상시도 거의 화내시는 모습은 보지 못했다. 그런 아버지도 무서울 때는 있었다. 고등학교 때다. 남자에게 전화가 올 때. 동아리 담당 선생님이나 미술동아리 선배, 동창생으로부터 나를 찾는 전화가 오면, 딱 "너 누구야?"라고 불쾌한 말투로 호통을 치셨다.

정말 몰랐다. 딸과 함께 노래하며 행복해하신 아버지의 모습을. 보지 못했다. 나 혼자 살아왔고 나 혼자 열심히 산다고 생각하고 있었다. 갑자기 녹음테이프가 생각이 나서 아버지의 음성을 듣게 된 것, 결국 우연만은 아닐 것이다. 아버지는 "늘 너와 함께 있단다." 말씀하고 싶으셨던 것 같다. 그 후 나는 아버지가 항상 나와 함께하시며 나를 보호하시는 것 같이 느끼게 되었다.

특히 노래를 부를 때면 아빠의 목소리를 떠올리며 마음속에서 말한다. "아빠, 같이 불러요."

2019년 9월

## 낙엽 생각

일자산 숲엔 바람이 없었다. 나뭇잎이 떨어지는 것은 바람 탓이 아니다. 때가 되었기 때문이다. 소리 없이 떨어지는 낙엽. 어떤 잎은 핑글핑글 돌고 어떤 잎은 둥실둥실 뜨며 또 어떤 잎은 몸을 비틀며 어떤 잎은 이 모든 움직임을 다 보이며 핑글 덩실 휙 날아 떨어진다. 어떻게 보면 그거나 저거나 비슷하지만 하나도 같지 않다. 난 잠시 휴식 시간에 낙엽의 비행을 감상하다가, 다시 일터로 돌아간다. 포장된 산책길을 조심조심. 금방 떨어진 낙엽을 밟지 않도록.

수필의 장  슬픔이 따스함으로 변할 때까지

## 결혼은 실망부터 시작한다

　대학을 졸업한 나는 희망했던 회사에 취직되어 연수를 받으러 도쿄에 갔다. 회사를 만들었던 사장님은 아버지가 일찍 돌아가시고 어머니를 도와 학생 때부터 우유배달을 하면서 고생을 많이 하고 성공하신 분이었다. 내가 입사를 희망한 이유도 사장님 내외의 인격을 존경했기 때문이었다. 사장님 내외의 환영 인사가 있었다. 내용은 '결혼은 실망부터 시작한다.'였다.
　그 앞, 뒤에 어떤 이야기를 하셨는지 하나도 생각이 안 난다. 사장님이 하신 말이었는지 사모님이 하신 말이었는지도 이제 생각이 안 난다. '결혼은 실망부터 시작한다.' 이 말만이 나의 뇌리에 각인되어 버렸다. 왜 이런 말을 하신 걸까. 충격이었다. 당시 스물여섯 살, 결혼에 대해 아름다운 꿈을 갖고 있었을 때라 더욱더 그랬던 것 같다.

　나는 화목한 가정에서 경제적으로도 아무 불편함 없이 자랐다.

아버지와 어머니가 싸운 것도 딱 한 번, 외할머니가 사고로 돌아가시고 어머니가 공황 상태였을 때 말다툼 하시고서는 어린아이처럼 엉엉 우신 것을 봤다. 그 밖에는 싸운 모습을 본 적이 없었다. 그래서인지 언젠가 나는 결혼하고 부모님처럼 사이좋은 부부가 되어 좋은 아내 좋은 어머니가 될 수 있다는 믿음과 같은 자신감을 가지고 있었다. 국제결혼을 한 것은 "세계평화의 지름길은 국제결혼이다."라는 어떤 강의를 대학생 때 듣고 그것이 마음에 꽂혔기 때문이었다. 무모한 것 같은 그 소망은 현실이 되어 나는 한국에 시집오게 되었다.

　무식하면 용감하다고 하였던가. 언어도 제대로 모르고 문화도 모른 채 나의 한국 신혼생활은 시작되었다. 나는 남녀평등 사회 일본에서 막내딸로 자랐고 남편은 가난한 한국 시골에서 전통을 중요시하는 학자 집안의 장남으로서 자랐다. 처음 1년은 아주 행복하게 지냈다. 하지만 점점 하나하나 문제가 생기기 시작했다. '스님이 미우면 그 옷까지 밉다.'라는 일본속담을 아시는지? 마음의 섭섭함이 쌓이거나 무엇 하나가 어긋나면 모든 것이 서로 마음에 안 들어 상처를 주고받게 된다. 또 처음은 좋은 면만 보이려고 노력을 했지만 살다 보니 경제적인 어려움과 더불어 나쁜 모습을 보이고 또 보게 된다. 그렇게 되어서 결혼한 지 사오 년째 내 마음속에서 꿈꾸었던 행복한 결혼생활,

참가정의 이상, 모든 것이 소리를 내며 무너져버렸다. 슬펐다. 나는 돌아갈 곳이 없었다. 국제결혼을 반대하신 부모님을 뒤로 하고 한국에 왔기 때문에. "너, 꼭 외국에 가서 고생해야 하겠니?" 어머니의 걱정하신 모습과 "너, 거기 가면 굶어 죽는다." 전쟁 때 만주까지 갔다 오신 아버지의 말씀이 떠올랐다. 처음 자상했던 남편의 모습과 현재 화내고 욕하고 잔소리하는 남편의 모습은 도저히 같은 사람으로 믿기가 어려울 정도 차이가 있었다. 슬프고 괴로운 시간이 흐르고 있었다. 그때였다. 내 마음에 '결혼은 실망부터 시작한다.' 그 말이 떠올랐던 것은.

'아 이것이었구나. 결혼은 실망부터 시작한다. 지금부터가 시작인 거야.' 지금까지는 뭔가 내가 꿈꿨던 대로 결혼생활을 할 수 있다고 착각했다. 이제야 진실한 상대의 모습과 현실의 어려움에 부딪히게 되었는데 그 사람을 진실로 사랑할 수 있는지, 현실을 어떻게 헤쳐 살아갈 것인지 지금부터가 참사랑의 시작인 것이다. '참사랑', 이 말이 내 가슴의 한쪽을 쳤다. 본심이라고 할까. 어떤 마음이 울리는 것을 느꼈다. '지금부터가 참사랑의 시작인 거야'

그때부터 벌써 20여 년, 많은 시간이 흘렀다. 그동안에 참 많은 일이 있었고 우리 가정의 걸어온 길은 순탄하지 않았다. 어떻게 보면 지금 우리 부부가 이혼하지 않고 함께 있는 것이 기적과 같은 일이다. 젊은 날에 희망했던 고상한 꿈 '세계평화'보다 '가정평화'가 훨씬 어렵다는 것도 알게 되었다.

'결혼은 실망부터 시작한다.' 이것은 명언이다. 내 마음대로 되지 않는 남편, 내 마음대로 되지 않는 현실. 비로소 그때 나는 내게 물었다. 진심으로 남편을 사랑했는가. 참사랑으로 내 남편을 사랑할 것인가? 용서하고 이해하고 사랑한다는 것, 그것은 쉽지 않은 일이다. 가슴속에 눈물과 때로는 피도 흘려야 한다. 그것을 거름으로 참사랑은 처음은 아주 작은 싹을 내밀고, 점점 자라간다. 언젠가 그것이 뿌리를 내려 자리를 잡아 큰 나무가 되어 꽃이 피고 열매를 맺으리라. 그리 믿고 현재도 나는 거름을 주는 중인지도 모른다⋯.

최근은 일본도 한국도 황혼 이혼이 많아졌다. 안 그러면 결혼한 지 사오 년째에 헤어지는 부부가 많다고 한다. 오죽하면 그럴까 하지만 나는 감히 그 부부에게, 특히 부인에게 말하고 싶다. "결혼은 실망부터 시작한다. 지금부터가 당신의 결혼의 참된 시작이에요."라고.

2018년 4월

# 夫婦道
(부부도)

　도를 닦는다고 사람들은 말한다. 타도, 유도, 화도, 권도, '도' 자가 붙은 것은 예술이나 스포츠 실력뿐만 아니라 그것을 통해 정신적인 단련 즉 깨달음의 경지의 도달하자는 것이다. 종교적으로 도를 닦는다고 하면 산속에 들어가 금식하고 명상하고 냉수 목욕하고 독경하고 절하고, 그런 수행을 상상할 것이다. 그런데 나는 제일 힘들고 어려운 수행이 따로 있다고 생각한다. 그것이 夫婦(부부) 道(도)라고 할까.

　나는 결혼하고 25년이 되었는데 매일 밤 남편의 발바닥을 나무와 손으로 안마하고 풀어준다. 그런데 나도 피곤할 때는 한 반쯤은 남편이 내 발 마사지를 해주면 좋겠다고 생각하는데 남편은 그 마음이 없다. "당신, 가끔 내가 피곤할 때는 발 마사지 해 줘" "이렇게 해주니까 고맙지?"라고 어떻게 유도하려고 하는데 남편은 내 기대대로 응하지 않는다. 그런데 어제 이런 말이 떠올랐다.

'사랑은 주고 잊어버려라.' 타인에게 그래야 한다고 생각은 했었는데 이것을 남편과의 사이에서 해야 하는구나 하고. 나는 '해줬다'라고 생각하고 기억을 확실히 했었다. 그래서 억울하다. '25년간 해줬는데 왜 똑같이 해주려고 안 하지? 고맙다고도 안 하지?' 어제까지 해준 사실을 잊으려고 해야 하겠구나. 잊고, 오늘 무엇인가 해줄 수 있는 기쁨 속에 살아야지. 그렇게 생각하니까 마음이 가볍고 기뻐졌다.

나는 부부도를 닦는 중이다. 지금도 현재진행형으로……. 내일이 되면 또 새로운 갈등이 있을 수 있고 괴로움이 있을 수도 있고, 또 편해질 때도 있을 것이다. 그런데 부부도와 다른 도와 다른 점은 혼자서는 갈 수 없다는 점이다. 그래서 일단 남편이 살아 있다는 것을 감사한다.

2017년 10월

## 부부의 도
### (문화의 차이)

　나를 괴롭게 한 것 중 하나가 남편의 '화'였다. 남편이 화를 내는데 왜 화를 냈는지 알 수가 없었기 때문이다. 무엇 때문에 화를 냈는가, 그 이유를 알아야 남편의 화가 풀리기 때문이다. 내가 무심코 하는 말에 남편이 상처를 받았다. 그런데 바로 화를 내지 않고 참았다가 이삼일 후, 아주 사소한 일로 며칠 전에 화가 났던 것이 폭발하는 경우가 종종 있었으니 나로서는 당황스러울 수밖에……. 그러다가 깨달았던 것은 내가 아무 잘못을 안 했어도 남편의 마음이 이미 상하고 있었다는 것이다. 나는 일본에서 대학교를 졸업했다. 남편은 고등학교 졸업이다. 그것도 야간학교. 머리는 좋았지만 가난했기 때문이다. 학력의 차이, 그것만으로도 열등감으로 마음이 상했었다.

　남편의 집안은 학자 집안으로 남존여비 문화 속에서 자랐다. 특히 남편은 십 년 만에 얻은 첫아들이었다. 가난했지만 귀하게 자란 것이다. 나의 친정아버지는 여덟 살 때 입양 오셨고 어머니는 할아버지의 친딸이었으니 어머니가 시집가신 적이 없어서 나를 기르는데 시집간 뒤를 생각하고 기르시지는 않았던 것 같다. 더구나 난 막내였고 태어날 때 죽을 뻔했기도 했다. 그냥 자유분방하게 사랑만 받아서 자랐다고 말할 수가 있다.

그래서 무심코 하는 말, 무심코 하는 행동이 남편의 신경을 거슬리는 경우가 있었을 것이다. 물론 많이 참아 주려고 노력도 했다고 생각한다. 하지만 화를 낸 남편의 모습에 나도 상처를 많이 받았다. 그래도 아이들이 있었을 땐 금방 웃고, 바쁘니까 그대로 시간이 지나가기도 했다.

한국 사람끼리도 문화의 차이는 있을 것이다. 하지만 국제 가정은 나라와 민족 차이가 있으니 더 큰 문화 차이가 있다. 그중 하나로 난 이런 것을 느꼈다. 일본은 사회질서를 중요시하고 한국은 가정질서를 중요시한다고. 그것은 일본에서는 남 앞에서는 부모도 사장님도 모두 낮추는 언어문화부터도 알 수 있다. 한국에서는 남 앞에서도 부모나 상사를 낮추지 않는다. 그대로 존댓말을 사용한다.

이런 일이 있었다. 전화가 왔는데(그때는 집 전화밖에 없었다) 남편이 큰 목소리로 무엇인가 말하고 있어서, 검지를 입에 대고 조용히 해달라는 신호를 보냈더니 남편은 대단히 화를 냈다. '아이들에게나 하는 몸짓.'이라고. 남에게 피해를 주거나 실례하는 것을 안 좋다고 생각하는 일본문화. 한국은 부모를 거역하거나 남편을 거역하는 것을 더 나쁘다고 생각하는 문화인 것이다. 그것을 깨닫고 이해하면서 난 두 번 다시 조용하게 해달라는 그 몸짓을 남편에게 하지 않게 되었다.

부부라는 것이 한때 뜨겁게 그리워하고 사랑하는 기간도 있겠지만 그리고 정들고 서로 이해하고 지내는 세월 속에 단맛, 신맛, 쓴맛, 짠맛, 매운맛 모두가 어울리고 잘 익은 김치가 맛있는 듯 그렇게 되어가는 것 같아. 늘 양보하고 이해하고 용서하고 인내하는 것. 그 '노력'과 세월이 우리 부부의 감칠맛을 내게 하리라.

# 올빼미 눈

어릴 때부터 나는 누가 이야기를 하면 상대방의 눈을 보고 열심히 들었다. 가정에서나 학교에서도 그렇게 배웠다. 강의를 들을 때도 공감되면 가끔은 머리를 끄덕끄덕하기도 하고. 그런데 한국에서는 좀 그것이 다른 것 같다.

신혼 때는 남편이 화를 낸 일은 거의 없었다. 한 일 년은 말이다. 그런데 점점 잔소리, 큰소리, 술 등 원하지 않는 남편의 모습을 보게 되고 사오 년째였을 때 나의 결혼생활은 완전히 실망에 이르렀다. 남편도 또한 나에게 그만큼 실망하거나 자신에게 실망한 아내에 대해 짜증스럽게 대하고 화를 내는 일도 많아졌다. 그런데 나는 늘 남편이 화를 내거나 설교할 때 잘 들으려고 남편의 눈을 열심히 보았다. 나의 눈은 아버지부터 물려받은 꽤 연한 갈색이다. 남편의 설교가 열을 받아 최고조에 달할 때는 더욱더 진지하게 남편의 눈을 보고 무슨 말을 하는지 무엇 때문에 화가 난 것인지 이해하려고 했다. 그런데 남편은 더 화를 내고 "올빼미 눈으로 보지 마!"라고 외쳤다.

그 후 언제였을까 드라마를 보면서 배웠을까, 뭔가 잘못해서 혼날 때는 시선을 떨어뜨려야 한다는 것을 알게 되었다. 그래서 남편이 화를 낼 때나 뭔가 설교할 때는 아래쪽을 보고, 다른 생각을 하기로 했다. 그리고 남편의 말이 끝나는 것을 기다렸다. "와 이렇게 편한 걸" 남편의 말은 '스위치 온' 하고 녹음테이프가 말하는 것처럼 거의 반복되는 말들이 많았다. 그 내용은 정확하지도 않았다. 들어보니까 누구에게 돈을 사기당했다 할 때도 이야기할 때마다 금액이 달랐다. 그제는 백만 원이었는데 어제는 이백만 오늘은 또 삼백만 원이라고 한다. 화가 날수록 금액도 올라간다.

나는 대학은 철학과 출신, 이론적이고 이성적인 사람이다. 거스름돈은 몇십 몇 엔까지 정확히 주고받은 일본 사회에서 자랐고. 올빼미 눈으로 봤을 때는 "당신 그것 이백만 아니고 백만 원 아니었어요?" "그것 목요일 아니고 금요일이에요" 아주 정확히 남편의 말이 앞뒤가 안 맞거나 정확하지 않은 것을 고치기도 했다. 남편은 "아는 척하지 말라" "말대꾸하지 말라" "꼬치꼬치 따지지 말라"라는 말도 하고 "일본에 가버려라" 기타 거친 말도 욕도 했다. 나는 그런 말을 들을 때마다 일일이 상처받았다. 올빼미 눈을 감으니 '아 많이 화가 났구나.' 그렇게만 생각하고 귀도 반은 닫고 듣게 되었다.

한국에서는 시집가면 삼 년 장님 삼 년 귀머거리 삼 년 벙어리라고 한다. 일본 '닛코(日光)'의 어떤 절에서는 '미자루 키카자루 이와자루' 라고 원숭이가 세 마리, 한 원숭이는 눈을 손으로 감싸고 하나는 귀를, 하나는 입을 감싸고 있는 것을 인형으로 만들어서 팔고 있다. 같은 뜻으로, 보면서도 못 본 척 들으면서도 못 들은 척 말할 수 있지만 입을 다물고 살아야 한다는 것을 가르치고 있다.

오늘도 그 교훈을 되새기면서 하루를 시작한다.

2018년 3월

## 부부의 묘약

한국에 처음 시집올 때였다. 한국에서는 부인은 아침부터 화장하고 예쁘게 치장해야 한단다. 남편이 바람을 피우면 부인의 잘못이라고 생각한다고 들었다. 그것은 몰라도 부부관계, 섹스에 대해 한국은 일본보다 밝게 자연스럽게 이야기하시는 듯한 느낌을 받았다.

일본은 '냄새 나는 물건에는 뚜껑을 한다.' 식으로 섹스에 대해 말을 안 한다. 그러다 보니 뒤에서 건강하지 못한 섹스 정보가 막 돌아다닌다. 잡지, 만화, 문학에도 저속한 것, 퇴폐적인 성문화가 섞여 있어 일본문화를 접하거나 공부하려는 분에게 "골라서 배우세요."라고 말하고 싶을 때가 있다. 서양의 프리섹스 문화의 영향으로 어느 나라도 예외가 없겠지만 그래도 나는 한국에 건전한 성문화가 있다고 믿고 싶다.

어떤 할머니는 "부부는 살을 대며 살아야 한다."라고 늘 친정어머니가 말씀하셨다면서 당신이 부부의 여러 고비를 넘어온 이야기를 해주셨다. "부부는 싸워도 한 이불을 덮고 자야 한다." "여자는 평생 남자 생식기를 잡고 살아가는 거야." 생활 속에서 나를 며느리처럼 딸처럼 생각해 주셨던 할머니 할아버지가 해 주신 말이 '아 그렇구나.' 나를 새삼 놀라게 할 때가 여러 번이 있었다.

'부부는 피부를 대며 살아야 한다.' '싸워도 한 이불 덮고' 여기에는 오묘한 진리가 있다. 오죽하면 '고운 정' '미운 정'이라고 했을까, 시간이 지날수록 신혼 때와 같은 열정은 당연히 식어가는 것이다. 그때도 이불 속에서 피부를 대고 있으면 서로 생리적인 욕구를 채워주는 존재로라도 필요를 느끼고 정도 들고 같이 살아가게 되는 것이 아닐까.

  나이가 들면서 건강문제도 있고 해서 여성은 그런 욕구가 극감할 수도 있다. 또 남자는 코골이가 심해진다거나 귀가 약해지거나 술, 담배 냄새난다거나 갖가지의 이유로 '각 방'을 쓰게 된다고 한다. 나도 예외가 아니라 그렇게 될지도 모른다. 한 달 전에 하마터면 각방 쓰게 될 뻔했다. 남편이 귀가 잘 안 들리는데 보청기를 잃어버려 밤늦게까지 텔레비전을 아주 크게 해서 듣고 보고 있다. 소리를 작게 해달라고 하니까 작게 하면 안 들린다고 심하게 화를 낸다. 그때 우리가 각방 안 쓴 이유는 우리 집 사정상 각방을 쓸 수 있는 '방'이 없었기 때문이었다.

며칠 전 남편이 손이 갈라져 아파하니까 약을 발라주고 만져 봤다. 조경 일을 하는 남편은 나무와 흙과 가깝게 지내고 힘을 써야 하니까, 야구장갑 같은 큰 손이 까칠까칠하고 엄지와 검지가 터 있다. '처음 만났을 때 이 손이 제일 마음에 들었는데,' '아빠도 늘 반창고 붙이고 다니셨는데' 생각하면서 마음이 찡했다.

부부란 묘한 것이다. 먹고 사는 문제와 시댁과의 인간관계와 또 친정과 아이들과 또 사람에 따라서는 종교와 사상과…. 수많은 얽히고설킨 인간관계 속에서 '핵'과 같은 것이 아닌가. 옛말에 "부부 싸움은 칼로 물 베기"라는 말이 있다. 나는 사실 처음 그 말을 들을 때는 '그렇게는 안 되지 불가능해'라고 반발했었다. 하지만 요즘은 생각이 달라졌다. '그래야만 산다. 내가 물이 되어야 해.' 그렇게 생각하게 되었다.

먹고 사는 데 힘들었던 시대, 남편이 외국에 가서 몇 개월 또는 몇 년 있다가 오기도 하고 안 그래도 여러 사정이 있어 부부가 떨어져 살고 주말에 한 번 만나는 주말 부부도 있을 것이다. '부부는 살을 대며' 살아갈 수 없는 여러 이유도 있을 수 있지만, 최대 그렇게 노력해야 할 것이 아닌가, 아기가 엄마 품에 안겨야 안심하고 잠도 잘 자는 것처럼 부부가 나이 들면서 서로 그런 존재가 될 수 있다면 신혼부부도 부럽지 않다는 생각이 든다.

　드라마 속에서 나이 든 남편이 아내를 안고 "당신은 나에게 보약이야"라고 하는 장면을 보았다. 아내는 "당신은 나의 묘약이지요"라고 대답을 한다. '그렇게만 살 수 있으면 좋겠다.' 혼자 마음속에서 말하고 웃어 본다.

2018년 4월

## 호미로 막을 것을 가래로 막는다

한국에서는 오복 중의 하나가 치아가 좋다는 것이라고 한다. 치아가 튼튼한 것과 함께 예뻐야 한다고, 덧니가 있거나 안 예쁘면 치아 교정을 하는 아이들도 많다. 일본은 꼭 그렇지는 않다. 일본인은 단것을 많이 먹는 탓인지 치아가 좋지 않다. 부드러운 것을 먹어서 그런지 턱이 좁아서 덧니도 비교적 많은 편이다.

나는 일본사람치고는 치아가 좋은 편이다. 한국에 와서는 사랑니가 썩어서 한 번 뽑았고, 어금니 세 개에 가벼운 충치로 치료를 받았다. 남편은 나보다 더 좋아, 충치는 하나도 없었다. 별로 닦지도 않는데 하나도 썩은 이가 없는 것이 신기하기도 했다. 남편이야말로 오복 중에 하나, 좋은 치아를 갖고 태어난 사람이라고 생각이 되었다.

10년 전이었을까, 그런 남편이 이가 아프다고 말하기 시작한 것은. 야생화농장에서 일할 때였다. 약국에서 약을 사 먹는 날이 많아졌다. 진통제는 별로 좋지 않으니까 치과에 가면 좋지 않겠냐고 말해도 듣지 않았다. 그러다가 드디어 이가 흔들리고, 더 이상은 불편해서, 근처 대학병원에 갔다. 하나를 뽑아달라고 했는데, 다섯 개를 뽑아야 한다는 소리에 놀라서 스케일링만 하자고 하셨는데도 도망 와버렸다는 것이었다. 난 그때서야 남편이 잇몸에 문제가 있는 것을 알았다. 남편의 이와 잇몸 문제의 심각성을 알았고 잇몸 약과 잇몸 치약을 사고, 옥수수 속대, 솔방울을 끓여 그것으로 양치질하게 하기도 했다. 효과는 거의 없었지만.

남편이 그토록 치과에 가기를 싫어하는 이유는 치료하는 것이 아프기도 무섭기도 하지만 또 제대로 치료하려면 아주 비쌀 것이라는 두려움도 있었기 때문이다. "당신, 카드로 할부하면 되니까 치과 가요." 몇 번이나 말했지만, 그때마다 화를 내니까 말하기도 싫어졌다. 첫 번째 이를 뺀 후 1년, 2년 되니까 하나, 둘, 다른 이도 흔들리고 뺄 수밖에 없어졌다. 그동안 난 좋은 치과가 어디에 있는지 여기저기 알아보고 있었다.

"M 치과가 좋다는데 가보세요."라고 남편에게 전하고, 남편이 이를 뽑으러 간 뒤, 의사 선생님에게 앞으로 어떻게 치료해야 하는지 물으려고 일하는 사이에 그 치과를 방문했다. 그런데…접수처 간호사에게 이야기했더니 "아까 x-ray 찍는 것을 거부하셔서서 모르겠어요."라는 것이다. 남편은 치아가 몇 개 더 빠지고 앞니도 빠지고 상태가 더 나빠져서야 드디어 x-ray를 찍고 제대로 치료를 받을 생각을 했다.

　우선 얼굴의 인상도 그렇고 앞니를 치료하기로 했는데 이를 심고 브리지로 연결하기만 해도 몇백만이란다. 보험 들은 것으로 빌려서 하기로 하고 치료를 받으니까 보기도 좋아졌다. 흔들리는 것을 모두 뽑고 잇몸치료까지 다 끝났을 때 남편이 하는 말. "10년 전에 갔었다면 안 뽑아도 되었었구나." '소 잃고 외양간 고친다.'라는 말이 있는데 이를 잃고 잇몸을 고친 남편. 호미로 막을 것을 가래로 막고 있다. 앞으로 어금니도 뽑아서 뼈를 심고 임플란트를 해야 제대로 맛있게 먹을 수 있고, 불편함이 없어진다는데. 정말. 덕분에 나는 남편을 위하여 좋은 치과를 찾기 위해 미리 스케일링을 하고 잇몸치료도 받았으니 이 좋은 반면교사에게 감사하다고 해야 할 것인지.

　가기 싫지만 제일 가야 하는 것이 치과이다. 그래야 고통도 덜하고 돈도 훨씬 싸게 치료를 할 수 있다. 육십 세가 되면 오래 살았다는 시대와 지금은 다르다. 호미로 막을 것은 호미로 막고 알뜰히 살아야겠다.

2020년 4월

## 너나 잘하세요

　아이들이 보고 싶고 힘들 때면 나는 결국 옆에 누워 있는 남편에게 달라붙어 보기도 한다. 이젠 만지고 뽀뽀하고 그 체온을 느낄 수 있는 사람은 남편밖에 없으니까. 그리고 나와 같은 아픔을 지금도 겪고 있는 오직 한 사람이니까. 그 체온 그 냄새를 느끼고 그냥 이대로 살 수 있는 힘을 얻는다. 남편은 그것을 아는지 모르는지 응~하고 기지개를 하고 우리의 하루는 시작된다. 신앙도 그렇고 나라 문제도 그렇고 심란할 때 예전에 잘해 주셨던 목사님의 말씀이 떠오른다. 그냥 그대로 기도하라고. 하나님 나는 힘듭니다. 괴롭습니다. 어떻게 살아야 하나요? 남편은 식사를 끝내고 이야기를 한다. 실은 제일 의지하고 싶고 내 삶의 이유인 남편은 또 내게 고통을 주는 사람이기도 하다.

　남편이 하는 말은 거의 사람들에 대한 비판이나 때로는 약간의 설교와 같은 좋은 이야기들이다. 혹시나 일터에서 무슨 일이 있어 술 마시고 온 날은 어떤 행동을 하는지 예측하기 어렵다. 폭언, 폭력일 수도. 하지만 일단 집에 와주고 집에서 내게 폭로해준 것이 다행이라고 할까 감사하다고 할까. 나는 대화를 원하지만 거의 일반적으로 듣고만 있다. 적어도 내 의식 속에서는.

어제 신문 칼럼을 몇 년 쓰신 이상헌 작가의 아주 짧은 강의를 들었다. 이분은 이야기를 짧게 맛깔스럽게 하시면서 쓰신 책을 선물해주신다고 하셨다. 나는 높이 손을 흔들었는데, 옆에 있는 남편에게 나이를 묻고 책을 주셨다. 『흥하는 말씨 망하는 말투』라는 책이었다. 늘 남편이 사용하는 언어에 대해 염려스러웠던 나는 "당신, 이 책 내용을 당신 것으로 하면 반드시 성공한다, 축하해요."라고 말했다. 돌아오는 길에 잠깐 책을 봐도 되냐고 묻고 읽으면서 집으로 왔다. 그런데 남편이 "네가 그 책을 보고 감동한다는 것은 정신적인 수준이 그것밖에 안 되니까 그런 거야." "나는 그런 것 안 읽어도 돼."

평상시 남편이 늘 말하는 것이 '겸손해라'였다. "겸손해라. 무엇을 해놓고도 잘했다고 티 내지 말고 있는 듯 없는 듯 묵묵히 살아라." 겸손해라, 겸손해라. 겸손을 강조하는 사람이 왜 이러는지, 어느 사람에게도 배워야 한다고 생각하는 것이 겸손한 것이 아닌지. 마음속에서 나는 외쳤다. '너나 잘하세요~~'

하루가 지나갔다. 나는 깨달았다. 왜 남편이 그 책을 읽을 필요가 없다고 말했는지. 남편이 그분의 말에 감동한 나의 마음을 느꼈을 것이다. 여든이나 되시는 몸도 편찮으신 할아버지지만, 은근히 질투한 것 같다. 남자의 마음을 이해한다는 것은 쉽지 않다. 어제 결혼하고 27년을 넘었는데, 아직 남편의 자존심이라는 것을 이해하고 살린다는 것이 내게는 어렵다. 나는 다시 지금 내게 말한다. "너나 잘하세요."

2019년 8월

# 남편이란 선물

활주로 옆에 방치된 잔디와 들꽃들이 바람에 흔들리고 있다. 몇 년 만인가. 남편이 갑자기 "일본에 같이 갈 거야."라고 했을 때 나는 솔직히 당황했다. 12년 전 우리가 헤어질 뻔했을 때부터 "영원히 네 친정에는 안 간다."라고 했었으니까. 어려워진 한일관계가 떠오르기도 하고 그렇다고 "이번은 나 혼자 갈래"라고도 못 했다. 올해는 아버지의 3주기 제사였다. 어머니는 하루는 근처 산속 온천여관에 머물고 나머지는 어머니의 방에서 지내라고 하셨다. 온천여관 일정은 연장할 수도 있다고 덧붙이셨다.

12년 전 우리가 헤어질 뻔했을 때. 친정에 갈 면목이 없어 내가 찾아간 곳은 작은언니 집이었다. 내 몸엔 간밤에 맞고 멍든 자국이 여기저기 있었다. 잠시 그곳에 머물렀다가 원룸을 빌리고 혼자 살기 시작했었다. 그런데 남편은 그때 딸을 설득하고 한국에 보내주지 않았다고 부모님을 원망하고 집에서 보호해 준 작은언니를 더더욱 원망하고 있었다. 그래서 "영원히 네 친정에는 가지 않겠다."라고 했는데. 마음이 너무 아팠다. 어쩌면 남편은 친정 식구가 자기를 나쁘게 생각할까 봐 상처받기 싫어서 오히려 먼저 강하게 공격적으로 말하는지도 모른다고 해석하고 마음에 두지 않도록 했다.

　아버지가 돌아가셨을 때 같이 가주지 않았지만 바로 돈을 몇십만 주면서 갔다 오라고 했다. 그것만으로도 나는 정말 고마웠다. 전혀 기대 안 했던 것이었으니까. 다녀와서 어머니가 당신이 건강하실 때 꼭 한번 오라고 하셔서 그것만은 전했었다. 어머니는 올해 여든여섯이다. 이번에 남편이 뵙지 않으면 못 볼 수도 있지 않은가. 남편과 어머니를 만나게 하는 것 그것만 생각하기로 하자. 그런 마음이 들었다.


　'안녕하세요. 2년 전에 백 세로 돌아가신 아버지의 제사로 남편과 일본에 다녀오겠습니다. 한일관계가 좋지 않아서 마음이 좀 무거웠는데 남편이란 선물을 준비하고 공항에 앉아있는 지금은 기쁜 마음입니다. 잘 다녀올게요.'라고 어떤 단체 카톡방에 메시지를 보냈다. 그게 '남편이랑 선물준비'를 틀리게 쓴 것이었는데 사람들이 킥킥대며 한참 웃었다. 그런데 어쩌면 그렇다. 남편이란 선물을 가지고 가는구나. 참 무겁고 큰 선물이다. 그런 생각이 들어 남편이랑 장난치면서 비행기를 기다리는 시간은 행복했다. 앉아있는 우리에게 직원들이 다가와 여권 체크를 미리 모두 마쳤다. 문이 열리자 막힘없이 신속하게 탑승하는 손님들. 역시 빠른 서비스는 우리나라가 최고이다.

오사카 도착. 남편은 긴장했던 걸까. 공항 셔틀버스에 스마트폰을 두고 내리는 실수를 했지만, 다행히 바로 전화하고 찾을 수 있었다. 어머니가 지하철역에서 환하게 웃으시면서 맞이해 주셨다. 5박 6일. 정말 행복한 시간이었다. 제사를 지내고 산소에 가고 절에 가고 산속 레스토랑에서 꽃게 코스 음식을 먹었다. 따뜻한 분위기에 남편의 마음이 녹았는지 생맥주를 마시고 싶다고 하고 올케가 챙겨줬다. 조카며느리가 한글을 가르쳐 달라고 했다. 둘째 조카의 딸은 한국 아이돌 트와이스를 좋아해서 춤도 따라 추고 알 수 없는 한국말로 노래를 한다. 내년에 한국에 간다고 한글을 열심히 공부하고 있다. 하루는 어머니와 나라 관광, 하루는 동창 재일교포 친구를 만나고, 큰언니 집도 가고 어머니와 밭의 풀 뽑기도 했다. 돌아오는 날에 또 같은 역까지 어머니가 바래다주셨다. 남편은 계속 "꼭 내년에 한국에 와주세요." 반복했다. 어머니도 알았다고 손을 잡으셨다.

남편이란 무겁고 큰 선물은 다시 내 옆에 있다. 이제 다시 일상생활에 돌아왔다. 내년에 정말 어머니를 한국에 오시게 하고 즐겁게 해드리고 싶다. 그러기 위해 무엇보다도 남편과 건강하게 행복하게 화목하게 잘 살아야지, 다시 다짐한다. 무엇인가 하나의 벽을 넘은 듯 잔잔한 행복과 기대감이 찾아온다.

2019년 8월

## 꽃은 식물의 생식기

이 세상에 꽃을 싫어하는 사람은 없을 것이다. 노란 개나리, 연분홍색 벚꽃, 진달래, 철쭉, 장미, 백합. 거리와 들의 꽃 이름이 궁금해서 인터넷을 뒤졌다가 발견한 말, '꽃은 식물의 생식기.' 대단히 신선했다. 꽃은 식물의 생식기, 맞는 말이다. 아름다운 꽃잎 속에서 암술과 수술이 하나가 되는 자리. 꿀과 향기로 벌과 나비들을 유인한다. 꽃가루를 묻힌 벌과 나비는 무심히 꽃에서 꽃으로 꿀 따라 향기 따라 돌아다닌다.

며칠 전 읽은 책 속에 여성들은 낮에 외출할 때 옷에 신경을 쓰는 만큼 잠옷에는 신경을 안 쓴다는 말이 있었다. 어떤 여성은 잠옷을 300벌이나 갖고 있다는 이야기도. 낮에는 정숙해야 하고 밤에는 요부가 되라는 말을 어딘가에서 주워들었었는데 그 말도 생각났다. 꽃이 식물의 생식기라는 말을 듣고 '그래, 그래서 밤에 여성은 꽃처럼 예쁘게 하면 좋겠구나.' 이런 생각이

들었다. 신혼 때 이런 것을 알았으면 좋았을 텐데. 남편도 나도 옛날같지 않으니까.

지금 장미가 한창이다. 마침 장미공원에 모임이 있어서 올림픽공원에 갔다. 꽃마다 색이 다르고 향기가 다르다. 나는 벌처럼 꽃에서 꽃으로 향기를 맡고 다녔다. 특히 벌이 여러 마리 꽃 속에 몸을 묻고 있는 것을 보면 꼭 향기를 맡아봤다. 뜻밖에 냄새가 이상할 때도 있다. 벌레가 느끼는 것과 사람이 느끼는 것은 또 다른 건가. 봐도 봐도 느껴봐도 아름답고 신기한 세계이다.

그 뒤로 난 300벌은 없지만, 잠옷을 매일 바꾸게 되었다. 오늘은 장미를 닮아볼까, 오늘은 백합꽃? 그렇게 생각하니까 밤이 왠지 즐거워졌다. 누가 선물해준 은은한 향수라도 살짝 뿌려보고. 목을 보호하는 손수건도 매일 바꿔보고.

2020년 6월

# 부부인생 이인삼각

초등학교 운동회. 이인삼각이라는 경기가 있다. 두 사람이 짝이 되어서 발목을 끈으로 묶어 깃발이 있는 곳까지 달린다. 깃발을 핑 돌아서 달려와 다음 팀에 배턴(baton)을 전한다. 두 사람의 호흡을 잘 맞춰야 빨리 달릴 수 있다. 느린 사람이 빠른 사람에게 맞춰줄 수 없다. 빠른 사람이 느린 사람에게 맞춰야만 한다. 먼저 호흡을 맞추는 것, 제자리걸음이라도 두 사람이 호흡을 맞춰야 비로소 한 걸음을 나아갈 수 있다. 서로가 안 맞는데 빨리만 가려고 하면 넘어지고 다치고 짜증을 내고 싸우고 에너지만 소모된다.

오늘 아침 남편은 컴퓨터에 저장된 내 글을 어쩌다 읽었는지 과거의 남편이 안 좋았던 모습을 쓴 것 때문에 마음이 상해서 화를 냈다. 그뿐만 아니라 남편과 생각이 다르고 내 생각이 뚜렷한 것도 느꼈을 것이다. "너는 나를 10%도 모른다." "네가 좀 나를 맞춰줬다면"이라고 했다. 나는 '내가 당신에게 맞추려고 하지 않았다면 지금 여기에 없을 텐데!' '나는 글을 쓰면서 겨우 숨을 쉬는데!' 마음속에서 외치고 있었다.

    부부 인생은 이인삼각과 같다. 두 사람의 호흡이 안 맞아 넘어졌다 해도 끝까지 달리려면 다시 맞춰야 한다. 남편이 나간 뒤 나는 나 자신을 뒤돌아본다. 내가 너무 철이 없어서 자유분방하게 자라서 남편에게 배려가 없었는지, 나도 모르게 내가 앞서가려 하지 않았는지. 남편과 어떻게 맞춰갈까. 초등학교 운동회 이인삼각. 끈을 어느 정도 세게, 또는 느슨하게 묶을까 궁리하고, 하나, 둘, 하나, 둘, 호흡을 맞췄던 기억을 살려본다. 어떻게든 호흡을 맞춰야 한다. 경기에서 기권하지 않으려면. 방에는 남편이 모처럼 사다 준 일본 음식인 말린 가다랑어가 두 봉지 놓여 있었다.

2019년 8월

# 장애물 경주

"준비, 땅!"

다섯 명씩 달렸다. 초등학교 운동회. 단거리 50m. 마지막 커브를 돌아 골을 향해 달릴 때, "게이꼬 짱~!" 친구와 이웃들의 응원 소리가 들렸다. 최선을 다해서 다리와 팔을 열심히 옮겼다. 하지만, 골. 꼴찌부터 두 번째가 나였다. 늘 그랬으니까.

나의 달리기는 늘 꼴찌부터 두 번째였지만, 나도 잘하는 것이 하나 있었다. 그것은 장애물 경주다. 장애물 경주란, 평균대 위에서 걷기, 허들 넘기, 밧줄로 된 망 속 지나가기 등을 하면서 달리는 경기이다. 즉 그냥 막힘없이 달리는 것이 아니라, 장애물을 넘어서 달리는 경주이다.

웬일인지 나는 장애물을 넘어가는 동안만은 누구보다도 빨랐다. 모든 장애물을 넘어 일등으로 골을 향하는 기분은 특별했다. 마지막 속력. 때론 마지막에 다리가 빠른 친구에게 추월당해서 아

쉽게도 흰 테이프는 자르지 못했지만.

   인생에도 여러 고비가 있고, 산 넘어 산, 장애물이 끊임없이 생기는 것 같아서 막막할 때가 가끔 있다. 그런데 생각이 났다. 난 장애물이 있을 때야말로 나의 실력을 발휘했다는 것을. 문득, 인생에서도 그럴지도 모른다는 생각이 들었다. 알 수 없는 장애물. 당황하지 않고 잘 풀고 나가는 힘, 내가 가진 신기한 능력이다. 난, 어릴 때부터 장애물 경주에 강한 사람이었으니까.

2020년 1월

## 진주조개

 초등학교 수학여행, 이세신궁으로 갔다. 이세만은 진주 양식으로 유명해 하루는 진주 양식장을 견학했다. 설명하는 사람이 진주조개 안에 미국 미시시피강(Mississippi River)에서 나오는 흰 돌을 넣으면 진주조개는 아파서 어떤 액체를 분비하는데 그 액체로 인해 진주의 그 아름다운 빛이 나온다고 하셨다. 어린 마음에 나는 진주조개가 불쌍하다고 생각했다. '미시시피강(Mississippi River)의 돌'이라는 것도 마음에 남았다. 작은 흰 돌이었다.

 어릴 때 들은 그 진주조개 이야기가 글을 쓰면서 되살아났다. 작은 '흰 돌' 그것은 그리스도, 또는 말씀이다. 그 말씀을 품고 아파 눈물을 흘리며 남모르는 곳에서 세월을 보내면서 그 그리스도를 빛나게 할 수 있다면. 그렇게 사는 것이 신앙생활과 같다는 생각을 했다. 죽는 순간 하나님께서 그 돌을 꺼내시어 '나의 보물'이라고 방긋 웃어주실 순간을 고대하며.

## 보고 싶다

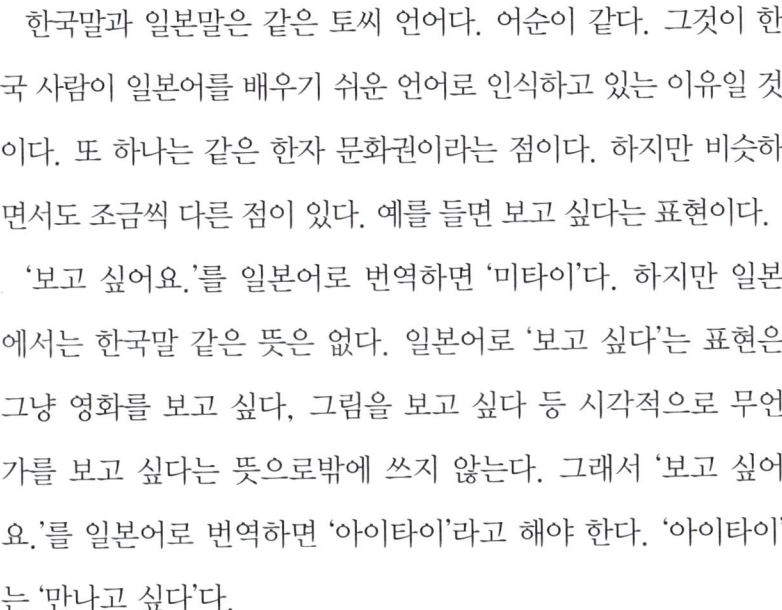

　한국말과 일본말은 같은 토씨 언어다. 어순이 같다. 그것이 한국 사람이 일본어를 배우기 쉬운 언어로 인식하고 있는 이유일 것이다. 또 하나는 같은 한자 문화권이라는 점이다. 하지만 비슷하면서도 조금씩 다른 점이 있다. 예를 들면 보고 싶다는 표현이다.

　'보고 싶어요.'를 일본어로 번역하면 '미타이'다. 하지만 일본에서는 한국말 같은 뜻은 없다. 일본어로 '보고 싶다'는 표현은 그냥 영화를 보고 싶다, 그림을 보고 싶다 등 시각적으로 무언가를 보고 싶다는 뜻으로밖에 쓰지 않는다. 그래서 '보고 싶어요.'를 일본어로 번역하면 '아이타이'라고 해야 한다. '아이타이'는 '만나고 싶다'다.

　그런데 한국말로 '보고 싶다'와 '만나고 싶다'는 것은 차이가 있다. '보고 싶다'는 그 사람이 당장 눈앞에 나타나기를 바라는 강렬한 마음이다. '만나고 싶다'는 어느 시간 어느 장소에서 만나고 싶다는 뜻이다.

27년 전 한국에 시집와서 남편과 친척 댁을 몇 군데 돌았는데 그 당시 남편은 미리 전화하는 일은 한 번도 없었다. 무작정 찾아가는 것이었다. 상대 쪽에서도 놀라지도 않았다. 또 우리가 신혼 때, 전북 순창 시골에서 도련님이 왔는데 밤 12시였을까 1시였을까. 배추를 가지고 와서 대단히 놀란 기억이 있다. 또 경기도 부천에 살 때, 잘 지내던 아주머니가 전화를 주셨다. 밥상을 주고 싶다는 것이다. 고맙다고 했더니 몇십 분 후에 그 상을 들고 오셔서 깜짝 놀랐다. 밤 9시가 지났을 정도의 시간이었으니까.

한국 사람은 쉽게 시간과 공간을 뛰어 넘어버리는 것 같아. 정을 중심으로 움직인다고 할까. 일본인은 그것과 비교하면 대단히 현실적이고 합리적이다. 이번에 신종코로나 사태로 주민센터의 일본어 교실이 2주, 또 1개월 휴강하게 되었다. 늘 여름휴가 때만 짧게 친정에 가서 아쉬웠던 나는 '일본에 다녀올까 어차피 수업 못 하니까.' 생각이 들었다. 2월 9일은 50년 만에 좋아했던 초등학교 3학년 때 선생님이 퇴직해서 우리를 만나러 오신다고 동창회가 예정되어 있었다. '맞아, 이것은 동창회에 가라는 하나님의 뜻인지도 몰라' 멋대로 해석하여 오빠, 올케에게 문자를 보내고 어머니에게 전화했다. 그랬더니, "지금은 신종 코로나바이러스로 시끄러우니까 안 움직이는 것이 좋다. 동창회 따위 때문에, 위험한 짓은 하지 않는 것이 좋지 않겠냐."는 것이었다.

　나는 낙천적인 성격으로 원래 수업 자체도 쉬지 않아도 된다는 생각으로 그냥 뜻밖에 생긴 휴가처럼 생각했지, 일본 상황이라든가 지금 상황을 상당히 걱정하고 있었던 친정 분위기를 거의 생각을 안 했다. 혹시나 작은언니는 어떤지 전화를 했다. 보건소에서 근무했던 언니는 중국 상황을 비롯해 한국, 일본 등의 상황도 객관적으로 잘 파악하고 있어 우리 집은 안 되고 어머니도 안 될 것이니, 알아서 왔다 가려면 그렇게 하라는 것이었다. 언니는 둘째 손자의 출산 예정일이 지나서 그쪽에 온 신경을 쓰고 있었다.

　내가 온다고 좋아했었던 동창 친구에게 그 뜻을 전했더니 간사를 하는 친구가 마음을 혼란스럽게 만든 것 같아서 미안하다고까지 말해주었다. 또 재일교포 친구는 "어머니의 말씀을 따르는 것이 효도니까 잘 생각했어요."라고 대답을 주었다.


　선생님의 전공은 미술이었다. 우리 모두는 초등학교 담임 중에서 가장 좋아했다. 쉬는 시간에는 같이 운동장에서 놀고 토끼집 같은 함석지붕 집에 놀러 가고 선생님의 학생 시절의 그림도 보고, 그때 연애 중이었던 여자 친구의 졸업논문 실험재료가 되어주기도 했다. 그분과 결혼하고 부부로 오신단다. 학생은 21명 온다는데 모두 많이 늙었겠지? 누가 올까? 모두 그동안 어떻게 살았을까? 내가 늙어서 그런지 외국에 시집와 정말 만나지 못해서 그런지 이번에 못 가서 그런지, 친구들, 선생님, 오늘 너무 보고 싶다.

2020년 2월

# 사랑의 눈에
# 더러운 것은 없다

　초등학교 3, 4학년 때쯤 국어 교과서에 나온 이야기 중, 시골에서 엄마가 아기의 콧물을 입으로 빨아서 닦아 주는 장면이 있었다. 순간 '더러운데 어떻게!?'라는 생각과 함께 어떻게 그런 행동을 할 수 있는지 이해하지 못했다. 근데 한국에 시집와서 첫째, 둘째, 셋째, 넷째가 태어났는데 아이들은 자꾸 감기에 걸려 콧물이 줄줄 흘렀다. 특히 넷째. 자꾸 코를 휴지로 닦으니까 코가 아프고 빨갛게 되었다. 그래서 아프지 않게 닦아주려면, 엄마가 빨아주는 것이 최고인 것이다. 그때 난 전혀 더럽다는 생각 없이 빨아서 콧물을 빼주었다. 초등학교 때 읽었던 국어책 속 어머니의 행동을 이해할 수 있게 되었던 순간이었다.

　아이가 태어나 오줌 싸고 똥 싸고 그것을 치우는 것은 일상이다. 건강하게 변이 나왔는지 아닌지 그것만 생각하니까 건강하게 황토색 똥을 누면 '예쁘게' 똥을 쌌다. 라고 저절로 말이 나왔다. 아이 아빠는 어땠을까. 네 아이를 기를 동안에 아기가 오줌을 싸면 그도 바로 기저귀를 갈아주었지만, 똥을 싸면 "엄마, 엄마!" 나를 불렀다. "주현아! 주현아!" 나를 부르는데 가끔 아이의 이름만 부를 때도 있었다. 왜 아이 이름만 부르는 거야? 의아하게 느끼곤 했다. 어쨌거나 아빠의 눈에는 똥은 '예쁘다.'라고 느끼지는 못했던 듯하다.

한국에 처음 왔을 때 어떤 남자분의 어머니에 관한 이야기에서 어머니가 아기의 똥을 먹고 아이의 건강 상태를 판단했다고 말을 들었다. 병원도 없고 약도 없는 시대의 이야기지만, 한국 어머니의 사랑은 정말 깊다고 생각했다. 사랑의 깊이란 어디까지인 걸까. 스쳐 지나가는 옛 생각 속에 사랑의 위대함을 새삼 느껴본다.

2020년 4월

# 그림 선생님의
## 그림자

고등학교 때 추억이다. 나는 매일, 수업이 끝나면 미술 교실에 가서 그림을 그렸다. 학교는 산과 밭으로 둘러싸여 있고 그 밖에 보이는 것은 하늘밖에는 없었다. 시골 학교인 만큼 대학입시로 공부만 시키거나 경쟁하는 분위기도 전혀 없었다. 중간시험이나 기말고사 때도 나는 평상시보다 더 열심히 미술 교실에 남아서 그림을 그렸다. 시험 끝나면 내가 하고 싶은 공부를 나름대로 열심히 했다. '시험을 위한 공부' '점수를 따기 위한 공부'는 무의미한 것으로 생각했던 나는 작은 반발의 표시로 그리했다.

그런 나의 모습을 조용히 지켜보던 존재가 있었다. 미술 선생님이다. 선생님은 입가에 깊은 주름이 양쪽에 있고 머리는 여자의 단발머리처럼 잘라서 예술가 같은 분위기가 있는 분이었다. 선생님은 초현실적인 에른스트[1] 같은 그림, 지구의 종말 같은

---

1 에른스트; 독일의 쉬르리얼리즘 화가

그림을 그리셨다.

미술동아리 멤버는 다 합해도 여섯, 일곱 명, 늘 있는 학생은 세 명 정도에 불과했다. 선생님은 이렇게 하라 저렇게 하라는 말이 거의 없고, 우리의 그림에 손을 대는 일은 한 번도 없었다. 그냥 우리가 그리고 있는 것을 두루 보시고 그냥 말없이 가셨다. 그런데 나는 그것만으로 충분히 무서웠다. 내가 열심히 하고 있는지 대충 하는지 내가 알고 있으니까. 선생님이 보시는 것은 분명히 잘 그리는지, 못 그리는지의 여부가 아녔다. 나는 그림은 팔기 위해 그리면 절대 안 되고 타협하면 안 된다는 것을 배웠다. 나밖에 못 그리는 그림을 그려야지.

미술 교과서를 보여주고 딱 한 번 선생님이 말씀하신 것은 잘(능숙하게) 그리는 그림과 좋은 그림의 차이였다. 그리고서는 '좋은 그림'을 그리라고 하셨다. 그리고 명화 같은 것을 자주 보라고 하셨다.

졸업하고 헤어졌지만, 대학교에 들어가 나는 미술동아리 활동을 했다. 나는 다다미 넉 장 반의 하숙방에서 100호(162×130)의 그림을 그리고 고등학교 선생님이 이끌고 계시는 '국화회'[2]

---

2 주상, 반 주상, 구체화 등 모든 장르의 그림을 그리는 사람들의 모임

라는 화가 모임 전시회에 두 장의 그림을 출품했다. 나는 돈도 없고 운반하는 방법도 몰라서 그 그림을 들고 전철을 타고 걸어서 교토시립미술관까지 갔다. 한여름에 땀을 흘리며 자기보다 큰 그림을 들고 온 나의 모습이 심사위원의 눈에 포착되었다. 그래서 그런지 많은 그림 속에 내 그림이 나왔을 때 "아 저 아이의 그림이네."라고 생각되었을 것이다. 그림 자체의 수준보다 그걸 손에 들고 온 탓으로 입선하고 미술관에 나의 그림이 처음으로 전시되었다. 선생님은 "아무것도 없을 때 손수레에 그림을 싣고 와서 전시회를 했던 시절이 생각나서 너무 좋았다."라고 하셨다.

어쨌든 나는 그때 처음으로 화가라고 불리는 사람들과 교류하는 기회를 얻었다. 화가 모임의 회원 중 한 명은 '그림 그리는 놈 중에 나쁜 놈은 없지'라고 하셨다. 가족 같은 분위기였다. 그때 추상 화가이신 기타노 화백이 "그림을 그리는 것은 작업에 불과하다. 사람을 만나고 책을 읽고, 사는 것 자체가 그림을 그리는 거야"라고 하신 것이 지금도 마음에 남아있다. 말은 남았지만, 그분의 그림 쪽은 그다지 이해를 못 했다. 그분의 그림은 명도, 생도, 각도가 다른 다양한 파랑 세모가 화면 가득 있는 그림으로 한눈에 기타노 화백의 그림이라고 누구나 바로 알 수가 있었다.

그 후 나는 인생의 전환점을 맞았고 다른 것에 몰두하게 되어 그림을 그리는 일은 삼십 년간 거의 없었다. 아니 기타노 화백의 말을 빌리면 그림을 그린다는 작업은 안 했다. 하지만 그동안도 나는 그림을 계속 그리고 있었다. 나밖에 못 그리는 그림을.

한국에 시집오니까 일본에 없는 '스승의 날'이 있다. 일본어를 가르치는데 선생님의 날이라고 작은 선물도 주시고 챙겨주셔서 깜짝 놀랐다. 나는 나의 선생님께 감사하다는 말을 특별히 한 적이 없었던 것을 새삼 느꼈다. 주소를 알 수 있는 선생님에게 편지를 썼더니 그림 선생님부터 바로 답장이 왔다. 그 선생님과 꾸준히 연락하게 되었고 전시회 안내장이 매년 날아왔다.

여러 가지 마음이 아픈 일들을 겪은 뒤, 심리치료 차원으로 나는 또다시 그림을 접하게 되었다. 그림이라는 것은 나의 성품이 그대로 나타나는 것이다. 감출 수 없이 나타나기 때문에 심리자료 수단으로도 사용된다. 하고 싶은 말이 있는데 말도 못 하고, 세상에 무엇인가를 남기고 싶은데 나에게는 자식도 없다. 그림이 처음은 그냥 내 마음의 위로로, 그다음에 무한한 희망으로 다가왔다.

이제 '그림을 그리는 작업'을 할 때가 왔구나. 육십 나이 되어서. 젊은 날에 무엇이든지 열심히 했던 것이 있으면, 나중에 어려움을 겪을 때 나를 지탱해 주는 큰 힘이 된다. 내게 그림은 그런 힘이다. 지금도 계속 그림을 그리시는 선생님의 그림자와 함께.

2018. 11

## 아버지

"아빠 아프잖아!" 나는 아빠가 내게 예쁘다고 볼을 대고 비비면 수염이 아프다고 비명을 지르고 도망쳤다. 아빠의 수염은 금방 자라는데 머리카락은 거의 없었다. 그런데 같이 이발소에 가면 내 단발머리 자르는 데 사백 엔, 아빠는 자를 머리카락도 없는데 육백 엔인 것이 신기했다.

아버지는 1917년생 뱀띠다. 오사카 북쪽 시골에서 농부의 집 아들로 태어나서 자라셨다. 군대에 가서 만주에 있을 때 전쟁이 끝나 집으로 오시고 결혼하시고 사남매를 두셨다. 나는 막내딸이다.

농한기에는 큰 돌로 담을 만들거나 정원을 만드는 일을 하신 아버지의 손은 까칠까칠하고 야구장갑처럼 크고, 트고 갈라진 손가락에는 자주 반창고를 감고 다니셨다. 더운 여름에도 찬물을 전혀 안 드시고 늘 뜨거운 녹차만을 드셨다. 엄하고 무서웠던 할아버지와는 반대로 아버지는 평생 크게 화를 내시는 일이 없었다. 묵묵히 일만 하시는 아버지가 중학교 고등학교 다닐 때는 불쌍하고 초라하게 느껴졌다.

그러다가 아버지는 어떤 계기로 민요를 배우시게 되셨다. 소질이 있었는지 일이 년 후에는 선생님이 되셨다. 매일 밤에 시골 마을마다 민요교실을 열고 바쁘게 뛰어다니셨다. 동시에 아버지의 성격은 전보다 더욱더 포용력이 있어 어떤 계층의 사람들과도 잘 사귀고 어울리는 사람이 되시는 듯했다. 어머니도 어느 사이에 샤미센(일본 악기)을 배우시고 같이 다니시게 되셨다.

나는 산 너머에 있는 시골 고등학교에 다녔다. 버스는 등하교 때밖에 없어서 가끔 늑장 부리다가 버스를 놓치면 아버지가 연노란색 경차로 학교까지 태워주셨다. 그때 나는 내심 "아빠가 나를 너무 오냐오냐 기르시는 것 아냐?"라고 생각한 적이 있었지만, 지금은 몇 안 되는 아버지와의 추억의 보물 상자에 소중히 그 한 장면을 담고 있다.

아버지는 작년 8월에 하늘나라에 가셨다. 만 백 세의 생일까지 몇 개월을 남겨 두고. 철이 들어 효도하겠다고 깨닫게 될 때는 이미 부모가 없거나 너무 늙어버리셨다고 한다. 내가 그랬던 것이다. 한국에 시집올 때는 "너, 거기 가면 굶어 죽는다." 하며 걱정해주셨다. 그래도 내 생각과 의지를 존중하고 마음으로 응원해주신 아버지, 모처럼 친정에 갔더니 경운기로 손가락을 하나 잃고 "하나라도 없으면 외롭구나"라고 하셨다. 곁에 없고, 멀리 시집간 막내딸 때문에 늘 마음 아파하셨던 아버지. 아버지, 사랑합니다. 감사합니다.

2018년 5월<br>가족백일장 다문화 부문 대상 수상 작품

# 식탁

　한국에는 밥상머리 교육이라는 말이 있다. 온 가족이 함께 밥을 먹는 자리에서 이루어지는 인성, 예절 등에 대한 교육이다. 대가족제도로 삼대, 사대가 같이 생활을 할 때, 특히 제일 나이가 많은 '어른이 먼저' 젓가락을 들고 드신 뒤에 모두가 먹도록 하였다.
　지인 중에 한 분이 좀 가문이 있는 집에 시집가셨는데, 시어머니와 남편과 함께 식사하게 되었다. 세 사람 먹을 것을 상에 준비하고 상 앞에 앉으려고 했더니 "왜 네가 같이 먹느냐?"라고 시어머니가 혼내셨다고 한다. 남자와 여자는 같은 상에서 식사를 못 했던 시대도 아주 오래 전은 아니라고 하는데….

　역시, 시대는 많이 변했다. 대가족부터 핵가족으로. 동양적인 생활 스타일부터 서양적인 생활 스타일로. 최근 건설되는 아파트나, 단독주택은 침실에는 침대를 놓는 경우가 많고, 부엌에는 식탁과 의자를 놓고 사용한다. 우리 집도 이사 오면서 2인용 식탁을 샀다. 전에 살았던 집은 월세로, 반지하. 방 두 개에 거실이 없고 밥을 먹을 때는 그때마다 상을 펼치고 식사했다. 그래서 LH공사의 지원을 받고 전세방을 얻게 될 때는 너무나 행복하고 감사했다. 2층, 방 두 개에 작은 거실이 있으니.

그 식탁은 우리 부부의 행복한 식사를 하는 자리이고 나의 보금자리가 되었다. 전부터 무릎이 아팠던 나는 쭈그려 앉지 않아도 되고, 식사 후에 커피를 두 잔 타면, 남편은 사회 이야기, 직장 이야기, 옛이야기 등을 하게 되었다. 말이 없던 그가 입을 열게 된 것이 무엇보다 기뻤다.

자연 나무로 된 식탁. 의자 다리에는 양말처럼 커버를 하고, 상 위엔 내열유리를 얹어 그 밑에는 베이지색 식탁보. 유리 안에는 멀리 보낸 아이들 사진. 단풍잎, 좋아하는 시 등을 넣었다. 낮에 남편이 없을 때, 난 여기서 책도 읽고, 그림도 그리며, 밤에는 가계부와 일기를 쓴다.

그런데, 남편은 10시에 와도 12시에 와도 밥을 안 먹었다고 말했다. 또 먹고 와도 "간단하게 주라"라고 한다. 그전에는 '밖에서 먹고 왔으면 나도 편하고 본인 몸에도 좋을 텐데'라고 생각했다. 너무 늦게 먹으니까. 자꾸 배가 나온 듯해서 밤에 먹는 것은 몸에 안 좋다는 이야기를 몇 번인가 해봤지만, 소용이 없었다. 어느 날 동서랑 이야기하다가, 그들은 일주일에 겨우 한 번밖에 같이 먹는 날이 없다고 들었다. 그 후, 내 생각도 달라졌다. '그래도 아침 식사를 같이하고, 밥도 다른 데서 먹지 않고 집에서 먹겠다는 것이 감사하다.' 이렇게 생각하게 되었다. 부부가 같은 공간, 같은 식탁에서 같이 먹는다. 얼마나 감사하고 행복한 것인가.

한국에는 '식구'라는 말이 있는데, 한자로 食口, 먹는 입이라고 쓴다. 같은 집에서 살며 끼니를 함께하는 사람이라는 뜻이다. 식탁에서 함께 같은 음식을 같이 먹는 소중한 가족인 우리 부부. 밥상머리 교육은 아니더라도, 식탁문화에 관한 생각을 새삼 해본다. 늘 행복하고 편안한 분위기를 식탁에서 만들고 싶다.

오늘은 모처럼 들꽃이라도 식탁에 꽂아 볼까. 아니면, 멋진 시(詩) 한 편이라도 붙여 볼까. 남편이 좋아하는 김칫거리와 야채를 사 온 길에서, 공원에 흔들리는 노란 매화와 냉이꽃이 눈에 들어온다.

2020. 4
창원 고향의 봄 백일장 장려상 수상

# 백자의 사람

서울 중랑구 망우리 공동묘지 203363번. 양지 좋은 명당자리에 웬 일본인의 묘가 있다. 우연한 인연으로 번역가이신 P 씨를 만나 '백자의 사람'이라는 영화를 보게 되었다. 그 주인공이 그곳에 묻혀 있는 것이다. 묘비에는 '한국민예를 사랑하고 한국인의 마음속에 살다간 일본인, 여기에 한국의 흙이 되다.'라고 쓰여 있다.

그의 이름은 아사카와 타구미. 1891년 1월 15일 야마나시현 호구토시에서 태어났다. 일제 강점기 한국의 조선총독부산림과에 근무하며 산림녹화에 힘을 썼다. 그는 백자라는 조선 도자기에 특별한 매력을 느껴 사랑했다. '이것을 만들 수 있는 민족은 반드시 고운 정신을 가진 민족이다.' 그는 일제(日帝)로 인해 사라져가는 위기에 있는 조선 공예, 생활 문화를 글로 남기려고 애를 썼다. 그가 고안한 양묘법, 노천매장법으로 인하여 잣나무(조선오엽송) 종자를 심고 싹을 틔울 때까지의 기간을 2년부터 1년으로 단축할 수 있게 되었다. 전국을 누비며 좋은 종자를 채취하기도 했다. 지금 한국 식림 숲 중 37%는 그의 공이라고 한다. 하지만 가정적으로는 어려움이 많았고 딸 하나를 낳고 부인은 죽고 재혼했으나 본인도 1931년 4월 2일, 40세라는 젊은 나이로 죽게 된다.

당시 학교에서 한국말을 하면 심하게 맞고, 흰 한복을 입고 다니면 잡혀서 먹물로 까맣게 마구 색칠 당하는 시대였다. 그러나 그는 일본인이면서도 한복을 입고 생활하고 조선말을 배우고 조선인과 대화했다고 한다.

최근 나빠진 한일관계, 또 개인적 어려움도 겹쳐 마음이 아프면서 올해는 왠지 꼭 아사카와 타구미씨의 기일행사에 참석해야지, 이런 결심을 했다. P 씨에게 그 뜻을 전했더니 게이꼬 짱(내 일본 이름)이 오면 모두 좋아할 거라고 하신다. 더욱이 올해는 한일관계가 좋지 않은 관계로 매년 왔던 일본인이 한 명도 안 오니까. 대수롭지 않은 듯 말씀하시는데 일본인이 한 명도 안 온다는 말에 나는 마음이 아프고 아쉬웠다.

포천에 사는 친구인 호소카와 아케미 씨와 그날 함께 가기로 했다. 그녀는 나와 같이 한국인과 결혼하고 이십 년 이상 한국에 사는 일본사람이다. 포천이 호구토시와 자매결연하고 있어서 다른 경로로 아사카와 타구미 씨를 알게 됐다고 한다. 산에 올라가니 따스한 햇볕, 봉오리 친 개나리, 제비꽃들이 우리를 반겨주었다. 그녀는 "일본사람을 이런 좋은 곳에 묻어주고 매년 참배해주는 것이 정말 감사하다."라고 감격하고 있었다. 나도 동감이었다. 그곳에 모인 분들은 이수현 문화재단 사무총장님을 비롯해 도예가, 역사문화학과 교수 등, 예술가, 문인, 지식인들이었다. 연합뉴스 기자들이 와서 인터뷰도 하고 사진을 찍고 갔다.

한국식으로 참배 행사를 다 마치고 돗자리를 깔고 음식과 과일을 먹으면서 대화를 나누었다. 그분들은 지식인이고 대부분 기독교인이며 여러 관점에서 아사카와 타구미 씨에 대해 이야기하고 설명하고 현재 어려워진 한일관계 속에서 어떤 역할을 하고자 하는 의욕과 열정을 가지고 계셨다. 너무나 감사하고 모든 분이 존경스러웠다.

아케미 씨와 나는 오늘 있었던 일과 영화를 친구들과 지인에게 될 수 있는 한 많이 전해주자고 이야기하면서 산에서 내려왔다. 그녀는 버스를 타고, 나는 역까지 걸었다. 영화 '백자의 사람' 중 아사카와 타구미 씨가 죽기 전에 "내게는 책임이 있어"라고 병상에서 힘겹게 말하는 장면이 자꾸 떠오른다. 9년 전 한국의 흙이 되겠다고 귀화를 결심하고 얼마 안 지나 P 씨를 만났다는 것도 생각났다. 어쩌면 애초부터 P 씨를 만나게 한 분은 아사카와 타구미 씨가 아니었을까, 그런 생각도 들었다. "내겐 책임이 있어." 그의 유언이 내 머릿속에서 맴돈다.

2019년 4월

# 3,1 독립운동
## (만세 사건)

　참으로 불가사의한 사건이었다. 일본 고등학교 교과서에 3, 1운동에 대해서 이렇게 쓰여 있다. 사건의 이름도 반자이지켄(萬歲事件), 만세 사건이다.

　나는 한국에 시집오기 전까지는 정말 몰랐다. 한반도에서 일어났던 모든 일을. 일본 교과서에서 일제 강점기는 한 페이지로 끝난다. 안중근, 유관순. 이름은 알지만, 내용은 몰랐다. 교사들은 시간이 없다고 근대 이후 역사를 가르치지 않았다. 한국에 시집오기로 하고 언어와 역사를 배우기 시작하고 알게 되었다. 처음은 머리로, 그다음에 가슴으로, 그리고 한국에 살면서 마음과 몸으로. 아마 지금도 배워가는 중이라고 생각한다.

　남편과 약혼 상태에서 재일 교포를 돕는 한일인 협회라는 곳에서 봉사할 때였다. 유관순의 영화를 봤다. 나는 그 영화를 잊을 수가 없다. 1919년 음력 3월 1일 유관순은 아우내 장터에서 독립 만세운동을 주모한다. 그녀는 눈앞에서 아버지, 어머니가 죽임을 당한다. 감옥에 있는 그녀를 찾아온 선생님이 "빨리 여기서 나와야지요."라고 한다. 그녀는 "나가서 뭐 해요? 세상 온통 감옥인걸요." 그리고 한 말. "육신의 고통은 견딜 수가 있지만, 나라를 빼앗긴 마음의 고통은 견딜 수가 없습니다." "나라를 위해 바칠 수 있는 목숨이 하나밖에 없는 것이 안타깝다." 상처가 없는 데가 없을 만큼 고문을 당하면서도 그녀가 목숨이 끊어질 때까지 외친 "대한 독립 만세!" 그 힘은 어디서 온 걸까.

'참으로 불가사의한 사건이었다.' 일본 교과서에 그렇게 쓰인 이유는, 독립 만세를 외친 그들의 손에 있었던 것은 무기가 아니라 태극기뿐이었기 때문이다. 하지만 그 당시 일본 켄페이(당시 일본군인)들을 아주 놀라게 했다. 지금 아름답고 평화스러운 한강과 서울 곳곳을 보면서 어떻게 지켜진 도시이며 나라일까, 생각에 잠길 때가 있다.

2019년 5월 25일<br>고덕 가족백일장 금상수상

## 다른 맛

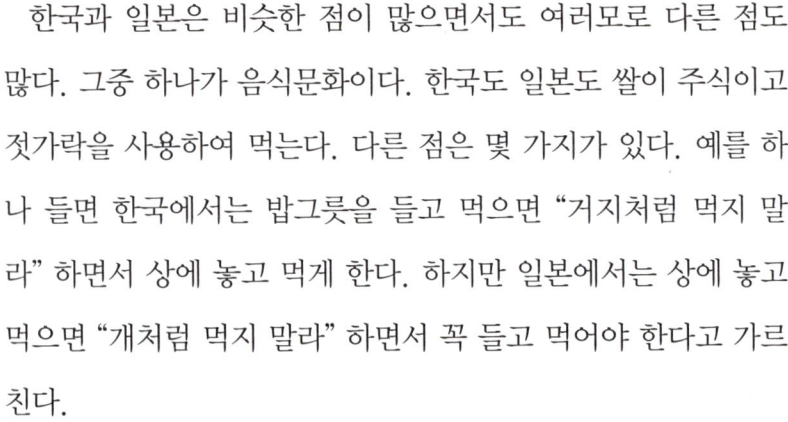

　한국과 일본은 비슷한 점이 많으면서도 여러모로 다른 점도 많다. 그중 하나가 음식문화이다. 한국도 일본도 쌀이 주식이고 젓가락을 사용하여 먹는다. 다른 점은 몇 가지가 있다. 예를 하나 들면 한국에서는 밥그릇을 들고 먹으면 "거지처럼 먹지 말라" 하면서 상에 놓고 먹게 한다. 하지만 일본에서는 상에 놓고 먹으면 "개처럼 먹지 말라" 하면서 꼭 들고 먹어야 한다고 가르친다.

　한국도 일본에서도 가정요리에서 빠지지 않는 메뉴의 하나가 된장국, 된장찌개일 것이다. 나는 어릴 때 매일 아침, 밥과 된장국을 먹었다. 일본어로 된장국을 '미소시루'라고 한다. 서쪽 지방에서는 '시로미소'라고 좀 연한 황토색 된장, 동북지역에서는 '아카미소'라고 좀 붉은 갈색에 가까운 된장을 주로 만들어 먹는다. 그것도 시골 아니면 거의 다 사 먹고, 시골이라고 해도 만들어 먹는 집은 한국보다 훨씬 적다.

끓이는 법은 먼저 물에다 멸치 또는 마른 가다랑어(카쯔오부시)로 만든 '다시다' 같은 가루 '혼다시'를 넣고, 계절의 야채 등을 한 가지, 또는 두세 가지 넣고 그다음에 끓기 직전에 '야쿠미(향)'로서 파란 파를 넣고, 물이 바글바글 끓기 시작하는 순간 딱 불을 끈다. 이때 중요한 것은 물이 끓자마자 불을 꺼야 한다는 점이다. 그래야 '미소'와 재료의 맛과 향이 살아나서 맛있다. 계속 끓여버리면 끝장이 난다.

나는 25년 전에 한국에 시집을 와서 남편과 생활할 때 밥은 잘 지었지만, 된장찌개는 잘 못 끓였다. 일본에서 봤던 것과 비슷한, 좀 노란 듯한 된장을 가게에서 사서 일본식으로 만들었던 것이다. 남편에게 맞춘다고 마늘과 고춧가루와 파를 넣고 '혼다시' 대신에 멸치 다시다를 넣었다. 일본 '미소시루'도 아니고 한국 된장찌개도 아닌 남편 말로는 '이상한 된장찌개'를 만들었다.

친정집에서는 지금도 된장을 만들어 먹는데 받아먹기만 했던 나는 어째서 그러는지는 지금도 잘 모르지만, 한국 된장과 일본 된장은 분명히 다르다. 한국 된장은 멸치와 다시마를 넣고, 마늘, 파, 애호박, 버섯, 소고기, 고춧가루 등을 넣고 푹 이삼십 분은 끓여야 여러 맛이 어우러져 맛있는 된장찌개가 된다. 마지막에 두부도 넣고 청양고추 한 개를 송송 썰어서 넣고 끓어오르면 불을 끈다. 그리고 그냥 냄비보다 뚝배기로 끓이면 더 맛있다. 일본 된장국은 자극적인 맛은 거의 없다. 재료도 한두 가지, 많아도 세 가지다. 만드는 시간도 짧다. 재료 본연의 맛을 살린 맛이라고도 할까.

한국 된장찌개는 매운맛이 꼭 들어간다. 마늘, 고춧가루, 청양고추. 대파…. 아주 자극적인 맛이다. 추운 겨울엔 배 속이 뜨거워진다. 참, 고추는 옛 임진왜란 때 왜군이 '메쯔부시'[3]라고 고추를 태워서 상대의 눈을 뜨지 못하게 하기 위해 사용한 것을 재배하여 먹게 됐다고 들었는데. 그때부터 김치도 빨갛게 되었다고.

손에서 손으로 입에서 입으로 전해 내려온 가장 평범한 요리 된장찌개. 오늘 저녁에 내가 만든 된장찌개는 무슨 맛이 날까.

2017년 10월

---

3 메쯔부시; 일본어, '눈을 망가뜨리다'라는 뜻

# 여성의
# 이름

　한국 여성은 결혼해도 성을 안 바꾼다. '한국에서는 여성의 이름을 존중하고 인격을 소중히 생각하는가 보다.' 처음에 나는 그렇게 생각했다. 그러나 금방 그것이 큰 오해라는 것을 알았다.
　남편의 고향은 전북 순창이다. 시부모님은 일찍 돌아가셔서 안 계셨고 나는 남편을 따라 큰집에 인사하러 갔다. 전부터 한국에서는 족보라는 것이 있다고 들었는데 그것이 큰집에 있다고 해서 보여 달라고 부탁을 했다. 두꺼운 오래된 책 몇 권에 '함안 조씨'라고 쓰여 있었다. 그런데 그곳 어디에도 여성의 이름은 없었다. "여자 이름은 없나 봐요?"라고 나는 물었다. "그래, 여자 이름은 올리지 않는 거야"라고 남편이 말했다. 이야기를 나누면서 남편의 할아버지는 삼 형제였는데 모두 할머니가 세 분이나 계셨다는 것을 알았다. 그렇게 옛날도 아닌 불과 삼대 전 이야기다. 시집가서 아이가 없거나 일찍 돌아가셔서 그렇다고 한다. 더 놀랐던 것은 그 부인들이 한집에서 같이 살았다는 것이다.

일본에서도 바람을 피우는 사람 이야기는 들어본 적이 있지만, 따로 어딘가에 집이나 방을 준비하고 부인 몰래 사는 것이지, 같은 집에서 생활하는 것은 TV 드라마에서도 못 봤다. 성경에서만 있다고 생각했던 이야기가 여기 한국의 평범한 가정에서 있다니. 그리고 족보에는 할머니들의 이름은 어디에도 안 보인다. 남편도 당연히 모른다. 오르지 설 씨 김 씨 등 겨우 성만 쓰여 있다.

한국에서 오래 살다 보니 결혼한 여성의 이름을 부를 기회는 거의 없다. 옆집 언니는 영은이 엄마 그 옆은 철수 엄마, 아랫집 할머니는 용호 할머니, 주인집 아주머니는 누구누구의 할머니고 그분의 이름은 3년간은 몰랐다. 그래서 알았다. '아이, 그것도 아들을 낳아야 여자는 존재가치가 있다는 것이구나.'

나는 지금까지 그렇게 많은 나라를 경험한 편이 아니지만, 미국, 독일 등에서 생활했다. 여러 나라 사람들과 만나기도 했다. 그러나 이런 나라는 지금까지는 없었다. 최근 일본어를 배우기 시작한 어떤 예쁜 사십 대 여성은 태어났을 때 아버지가 여자아이가 태어났다고 속상해하셔서 이름을 지어주지 않으셨다고 한다. 어떤 육십 대 여성은 임신했는데 여아라고 알게 된 순간 그때마다 유산시켰다고 한다.

몇십 년 전까지는 남자들과 여자들은 밥상도 따로따로, 여자들은 부엌에서 먹었다고 한다. 내게 이것들은 신기한 이야기다. 물론 이제는 한국도 많이 변해가고 있다. 하지만 아직까지 뿌리 깊은 남존여비 사상과 남성 중심 사회 모습들은 곳곳에 남아 있다. 사람들의 마음속에도.

몰랐던 여성의 이름들. 결혼해서 이십육 년, 이제야 큰집 며느리 이름을 스마트폰을 통해 알게 된다. '이런 예쁜 이름이었구나.' 이름은 잊혀도 그들의 사랑, 정성, 삶은 아들딸을 통해 핏줄에 깃들어 있고 영원히 남을 것이다. 하지만 나는 이웃 아주머니, 친척 여성들의 이름을 한 번씩 불러보고 싶어진다.

2018년 2월

# 가해자와
# 피해자

　가해자와 피해자. 크거나 작거나 우리는 상처를 주기도 하고 입기도 하며 살아간다. 그런데 상처를 준 것은 빨리 잊어버리고 상처를 입은 것은 두고두고 기억하고 있다. 나 자신도 그렇다고 고백 안 할 수 없다. 그래서 사람과 사람 사이가 점점 더 나빠지고, 돌이킬 수 없는 상태까지 이르게 된다. 이혼, 살인, 폭동, 그것이 크면 전쟁이 되는 것이 아닐까.

　그 반대가 되면 우리 사회는 평화로워질 것이다. 상처를 준 것을 되새기며 기억하고 상처받은 것은 바로 용서하고 잊을 수만 있다면. 최근 한·일 관계가 안 좋은데 내가 만약에 두 나라의 대통령이 될 수 있다면 어떤 처방을 쓸 것인가. 만약에 내가 독재적인 힘을 갖고 명령대로 할 수만 있다면, 일본 사회 선생님과 한국 사회 선생님을 완전 대대적으로 바꿔치기를 할 것이다.

　한국 선생님은 어떻게 일본 아이들을 가르쳐야 하는지 고민하고, 일본 선생님은 한국 아이들을 어떻게 가르쳐야 하는지 고민하여 공부도 제대로 해야 할 것이다. 일본에서는 이미 현재 교직자로서 학교에서 가르치고 있는 세대가 제대로 일본 근대 역사를 배우지 못했다고 말할 수 있다. 예순을 지난 바로 나 자신이 그랬었으니까.

내가 한국에 시집오지 않았었다면 한일관계가 좋아질 것을 지금처럼 간절히 바라지 않았을 것이다. 역사를 제대로 모르고 또 알려고도 하지 않고 그냥 '가깝고 먼 나라'로서 사이좋을 땐 어쩌다 한번 한국 여행이라도 가기나 했을까. 사이가 나빠지면 "한국 사람은 무서워" 정도로 이야기나 했을까. 한류 아이돌 그룹 빅뱅을 좋아하는 작은언니도 좋아하는 것은 좋아하는 것이지만 국가 간의 문제는 또 다른 문제라고 한다. 야스쿠니신사 이야기를 하면 못마땅한 듯 "너무 크고 무거운 이야기고 우리 서민이 할 만한 이야기가 아니잖아."라고 한다. 하지만 반한 국계 신문을 자주 읽는 형부가 내 앞에서 한국을 막 욕하면, 언니는 "그만 하세요. 뭐"라고 막아준다. 그래도 여동생이 시집간 나라이니까.

일본 교과서에는 일제 강점기가 한 페이지로 끝난다는 것은 지금도 변함이 없는 듯하다. "사람들의 저항을 무력으로 눌러, '한일합병'을 했다. 일본어 교육을 받게 되고 조선 역사도 가르치지 않고 조선사람들의 자존심이 깊이 상처받았다."라고 표현되고 있다. 한국인을 아프게 했다고 쓴 것은 전보다 좋아진 것이다. 내 조카의 딸이 다니는 초등학교 6학년 교과서다. 나머지는 교사가 설명해야 할 터인데. 한국에 시집온 부인들은 지금 칠천여 명이라고 한다. 일본에 시집간 한국인은 삼천 명. 국제가정의 역할이 크다는 생각이 든다. 그사이에 태어난 아이들이 이만 명은 넘을 텐데. 그 아이들에게는 이미 국경이 없다.

양국 사이가 안 좋을 때일수록 개인이나 가족 간, 민간교류는 열심히 하면 좋겠다. 두 나라가 가까워지고 국경이 철폐되어, 한 나라처럼 지냈으면 좋겠다. 내가 태어난 나라는 일본이고 한국에 대한 가해자였다. 내가 시집와서 살고 귀화한 나라는 한국이고 일본에게 당한 피해자였다. 사랑하는 남편이 태어난 나라이기 때문에 그리고 이제 내가 나의 나라로 선택했기 때문에, 난 한국의 역사와 아픔을 나의 것으로 기억할 것이다.

2020년 6월

# '감사하다'의
# 반대말

"언니, 감사하다는 말의 반대말이 뭔지 알아요?" 후배가 묻는다. 얼른 생각이 안 나 "어? 응~뭐지, '감사하다'의 반대니까 '불만이다'인가? '싫다' 같기도 하고. 잘 모르겠네." 알쏭달쏭해서 나는 생각나는 대로 말했다. 그녀는 살짝 웃으면서 대답하기를 "언니, '감사하다'의 반대는 '당연하다'래요." 나는 그 명답에 감탄했다.

그녀는 일본사람이다. 어쩌다 가끔 만나는 사이인데 나처럼 한국에 시집와서 서울 근처에 산다. 일본말로 감사하다를 '아리가토우(ありがとう)'라고 하고 이는 '아리가타이(有り難い)'라는 형용사부터 오는데 그것은 아리(有り-있다 연결형)+가타이(難い-어렵다) 즉 있기가 어렵다는 뜻이 된다. 흔하지 않다, 기적과 같은 일이다! 그런 뜻이다.

어떤 스님이 눈이 있어 볼 수 있어서 감사하고, 귀가 있어 들을 수 있어서 감사하고, 입이 있어 먹을 수 있고 말할 수 있어 감사하고, 다리가 있어 걸을 수 있어서 감사하고, 공기가 있어서 감사하고, 빛이 있어서 감사하다고 하시면서 평상시 당연하고 새삼스럽게 일일이 감사하다고 생각한 적이 별로 없는 것에 대해서 설교하신 것이 생각이 난다.

어떤 지인은 아침에 일어나자마자 "1, 감사합니다, 2, 고맙습니다, 3, 사랑합니다, 4, 행복합니다, 5, 건강합니다, 6, 모든 일이 잘됩니다. 7…"라고 말하고 일어난다고 한다. 일곱 번째는 나의 지금 소원을 말하면 된다고 한다. 특별히 종교가 있는 것도 아닌데 그렇게 말씀하신 것이 참 놀랐다. 이것은 기독교도가 늘 말하는 주기도문이나 어떤 불교의 남묘호렌게쿄(何妙法蓮華経)보다 더 쉽고 누구나 거부감 없이 할 수 있는 기도가 아닌가. 나는 이것을 듣고 나서 바로 지인이 말한 대로 따라서 아침 맨손 운동을 할 때, 이 7가지 주문을 말하면서 일어나기로 했다.

이런 분을 만났던 것도 감사하고 이렇게 글을 쓰고 있는 것도 감사하고 기적과 같다. 『살아온 기적 살아갈 기적』이라는 책의 제목처럼, 오늘 아침 눈을 뜬 기적에 감사한다. 요즘은 왼쪽 무릎이 아픈 것만 생각했는데 건강한 왼쪽 다리가 있는 것을 잊고 있었던 것 같아서 왼쪽 다리에 미안한 생각이 들었다. 사람은 100가지 채워지기를 바라는 욕망이나 소원이 있는데 하나가 모자라면 부족한 그 하나만을 생각하고 불평불만하여 채워져 있는 99를 잊고 있을 때가 많다. 나도 모르게 그런 마음 상태가 되고 있다. 제일 가까운 존재일수록 그러기가 쉽다. 왼쪽 다리야 고마워. 오른쪽 다리도 고마워. 그리고 힘들어도 아침부터 일하러 나가준 남편에게도 고맙다고 말해야지. 오늘 이 순간을 당연하게 생각하지 않으리라.

2018년 6월

# 교학상장
## (敎學相長)

　한국에서는 유교 사상의 뿌리가 깊다. 좀 공부를 해오신 분과 대화를 하면 사자성어가 가끔 나오는데 깊은 뜻에 새삼 깨닫고 감탄할 때가 많다. 지인과 이야기하다가 교학상장이라는 말을 들었다. 늘 내가 일본어를 가르치면서 느끼는 것이었기 때문에 그것을 한자 네 개로 말한 것을 듣고 감탄했다.

　나는 일본어 강사를 하고 있다. 일본사람이니까 일본어를 잘할 수 있다는 자신이 있다. 감히 가르친다는 것이 송구스럽지만 부모님뻘의 분들도 나를 선생님이라 불러주신다. 난 일본어 교실에서, 가르치는 것보다 몇 배 많은 것을 배우고 있다. 학생들은 일본인에 대해 이해하려고 하는 분과, 이미 일본에 가본 적이 있는 분도 많아서, 나를 이해하시면서 여러모로 친절하게 가르쳐주신다. 한국말 발음, 한국문화, 생활하다가 모르는 것이 있어서 물으면 가르쳐주시고 도와주신다.

　최근은 한국에 온 지가 오래되다 보니 일본에 대해서도 학생에게 배울 때가 많다. 일 년에 몇 번이나 다녀온 사람도 있고 일본 드라마를 사랑하는 사람도 있고, 아들딸이 일본에 있는 분도 있으므로. 또, 일본어를 가르치면서 일본어와 일본문화에 대해 다시 배우고 느끼는 것도 있는데, 새롭게 뭔가 깨닫게 될 때마다 그 기쁨이 무엇과도 바꿀 수가 없다.

교학상장(教學相長). 가르치면서 배우고 배우면서 서로가 성장한다. 나는 강사라는 직업은 정말 행복한 직업이라고 생각한다. 일본에는 없고 한국에 있는 스승의 날. 좋은 사자성어를 배워서 행복한 날이다.

2020년 5월 15일

## 어르신

일본에서는 '어르신'이라는 언어가 없다. '늙은이'가 일본어로 '토시요리'인데 여기에 존댓말인 '오' 자를 붙어 '오토시요리' 라고 부르는 것이 최대로 노인을 대접하는 말이다. 그 뜻은 불쌍한 존재, 보호해 드려야 할 존재라는 뜻은 있지만 '어르신'과는 뉘앙스가 상당히 다르다.

한국에 시집와서 첫 설날 때였다. 남편의 고향은 전라북도 순창군 금과면 동전리 대장마을이라는 시골이다. 한 마을에 열여섯 일곱 가구 정도가 모여 살고 있다. 시부모님은 일찍 돌아가셔서 안 계시고 우리 부부는 큰집으로 미리 인사하러 갔다. 큰집 며느리가 나를 데리고 순창 버스터미널 근처 한복집에서 한복을 사주었다. 설날 아침 일찍 일어나 한복을 입고 우리가 간 곳은 그 마을에서 제일 나이가 많은 할머니 집이었다. 우리 부부는 새해 복 많이 받으세요 라고 큰절을 올렸다.

'나이가 많은 것만으로 한국에서는 대단하다고 생각하는구나.' 그날은 동네 여러 곳을 왔다 갔다 했다. 어디를 가도 밥상이 나타나 함께 먹었다. 한 마을이 한 가족과 같았다. 남편은 나와 처음 만났을 때는 함께 일하고 있는 분과 같은 방에 살고 있었다. '친구'라고 듣고 있어서 나는 그냥 '친구'라고 했더니 그분은 기분 나빠하시고 '나는 친구라기보다 형이야'라고 하셨다.

살다 보니 누가 말다툼하는데 "네가 너보단 한 숟가락이라도 밥을 더 먹었는데 내가 더(세상을) 알지 네가 뭐 알아!"라는 말이 들려 온다. '아아 그래서 처음 만나서 빨리 서로가 나이를 물어야 하는구나, 누가 위고 아래인지 알아야 하니까.' 생각해보니까 나이를 비교적 빨리 서로 묻는 이유도 이해가 됐다.

한국에서는 집에서는 부모를 공경하고 직접 말할 때도 존댓말을 사용한다. (일본에서는 집에서는 보통 말로 부모님에게 말하고 남 앞에는 부모를 낮춰서 말한다) 형과 누나는 동생을 돌봐야 하고 동생들은 형과 누나의 위치를 존중한다. 이런 가정의 질서가 사회에 반영된 것 같다.

그렇게 생각할 때 '어르신'이라는 말은 대단히 무게가 있는 말이라는 생각이 든다. 나이와 더불어 인생 경험이 풍부하고 살아갈 지혜가 있고 또 사회에 대한 정신적인 책임이 있고 중심이라는 느낌이 든다.

남편에게 이런 말을 했더니 "이젠 그런 것 없어졌어."라고 한다. 생각해보니까 처음 한국에 왔을 때 사회 분위기와 현재의 사회 분위기는 상당히 다르다. 전철이나 버스에서 나이 든 분을 보면 젊은이들은 말 안 해도 먼저 스스로 자리를 양보했지만, 최근은 꼭 그렇지도 않은 것 같다.

하지만 손윗사람을 존중하는 풍습은 술 마실 때 술잔을 옆으로 돌려서 마시는 풍습, 손윗사람 앞에서는 담배를 피워서는 안 된다는 풍습, 뭔가 먹을 때도 '어른이 먼저'라고 손윗사람이 먼저 드시게 하거나 먼저 드리고 모두가 먹는 풍습 등 사소한 곳에 남아 있다. 어른을 존경하는 문화는 나는 귀한 것으로 생각한다.

시대는 변해가고 언어도 살아서 조금씩 변해 갈 것이다. '어르신'이라는 말도 옛날의 의미와 지금의 의미가 또 미래에는 변해갈 수도 있다. "어르신들의 고생과 수고가 있었기에 우리 사회가 이만큼 발전했다." 나는 나보다 젊은 여성으로부터 이런 말을 들은 적이 있다. 이런 말은 일본에서는 들은 적이 없다. 곳곳에 남은 '어르신'을 존경하는 문화는 한국문화의 아름다움 중의 하나가 아닐까 그것은 길이길이 전해가면 좋겠다고 생각한다.

2018년 4월

# 꼰대와
# 어르신

　몇 년 전 '어르신'이라는 글을 써서 노인신문에 투고한 적이 있었다. 일본에서는 어르신이라는 단어가 없다. 토시요리(늙은이)라는 단어에 접두어 '오' 자를 붙이고 '오토시요리'라고 하는 것이 최대한으로 노인을 대접하는 말이지만, 한국의 '어르신'처럼 나이 드신 분을 존경하는 뉘앙스는 없다고. 한국의 손윗사람을 존경하는 문화는 아름다운 문화이고 그것이 사라지지 않으면 좋겠다고 그때 그렇게 말했었다.

　술을 마실 때 손윗사람 앞에서는 얼굴을 옆으로 돌려 마시는 문화. 담배는 손윗사람 앞에서는 절대로 피우지 않는다는 것. 식사를 같이할 때는 제일 나이가 많은 분이 젓가락을 들고서야 모두가 먹는다는 것. 손윗사람에게 무엇인가 받을 때는 양손을 모으고 받는 것. 그 밖에 생활 곳곳에 남아 있다.

　그런데 최근 새롭게 '꼰대'라는 말이 있다는 것을 알았다. 사전을 보면 학생들의 은어로 '선생' 또는 '아버지'를 이르는 말로 기본 의미는 '늙은이'를 이르는 말이라고 한다. '꼰대질'이란 기성세대가 자신의 경험을 일반화하여 젊은 사람에게 어떤 생각이나 행동 방식 따위를 일반적으로 강요하는 행위를 속되게 이르는 말이라고 나온다. 언제부터 그 단어가 생겼을까.

어쨌든, '어르신'이라는 단어가 있기에 '꼰대'가 태어났구나, 생각이 들었다. 물론 젊은 사람은 늘 나이 드신 분들부터 뭐 하나라도 배우려고 하는 자세가 필요하다. 하지만 이제 웬만한 지식은 인터넷으로 무엇이든지 얻을 수 있게 된 현재, 어른으로서 일단 자기를 낮추어서 '가르쳐야 한다.'라는 생각을 버리면 어떨까 한다. 어르신들이 손아랫사람들에게 '배워야 한다.'라고 생각하고 젊은이들에게 친근하게 다가간다면. 한국의 뿌리 깊은 손윗사람을 존경하는 마음이 오히려 젊은이들의 마음에서 배어 나오지 않을까? 나이가 들수록 생각과 성격도 굳어가기가 쉽기에 그것은 결코 쉽지 않을 수도 있지만.

시대는 시시각각 변하고 있다. 백세시대가 되어 컴퓨터 혁명이 일어나 또 스마트시대가 되었다. 늘 노력하고 있지 않으면 사회의 흐름에 뒤떨어져 버리는 지금. 한쪽에서는 윤리와 사상과 이념이, 자유의 이름으로 혼란스러워진 현대사회. 나는 육십 세를 지나면서 어르신도 꼰대도 싫고 그냥 '나'라는 사람이 되고 싶다는 생각을 하게 된다. 나이보다 어떻게 살고 있는지가 중요한 것이니까.

2020년 5월

# 다시
# 배우다

나는 1958년생, 오사카 북부 농촌에서 태어났다. 세계 2차 대전이 끝난 후 최고의 베이비붐이었다. 한국에 오니까 한국에서도 58년생이 많다고 한다. 한국에 시집오게 된 것은 27년 전이다. 처음에는 사는 데 바빠서 5년에 한 번 친정에 갔다. 아버지가 아프시고 나서야, 일 년에 한 번 가야겠다고 마음을 먹었다. 그러다 보니 최근은 일본에 대해 잘 모른다….

주민 센터에서 일본어를 가르친 지 이십 년을 넘었다. 처음에는 나는 일본인이니까 일본어를 잘한다는 자신을 갖고 있었다. 그런데 도토리 키재기를 병아리 키재기라고 가르치다가 "거짓말을 가르쳐서는 안 되지요."라고 여유로운 목소리가 들렸다. 83세 할아버지 학생이다. 일제강점기에 일본어를 배우셔서 내가 모르는 노래까지 아시는 분이다. 어떨 때는 한자를 자신 있게 썼는데 틀린 것이었다.

나는 일본에 태어나 일본어를 말하고 일본 사회의 기본교육을 받았다. 한국에 시집와서 남편의 나라에 대해 알려고 많이 노력해야 한다고 생각했다. 지금도 그 마음은 변함이 없다. 아직 한참 멀었다고 생각하고 있고. 특히 일본에서는 한국에서 일제강점기에 어떤 일이 있었는가에 대해 전혀 배우지 못했으니까. 그런데 최근은 일본에 대해 새롭게 배우는 느낌이다. 일본 역사, 일본 사회, 또, 현재의 일본에 대해서.

학생 중에는 나보다 자주 일본에 가는 분도 많다. 일본에서 몇 년 살다 오신 분도 있고. 매일 NHK를 듣고 계시는 분도 있다. "선생님, 유학하고 오세요." 어떤 남학생이 장난스럽게 말한다. 학생층이 다양한 만큼 나는 많은 것을 배운다. 20세 아가씨에게서는 지금 유행하는 노래. 초등학생에게서는 지금 유행하는 애니메이션과 캐릭터. 관광지에 대해서도 여행을 좋아하는 학생이 나보다 훨씬 많은 것을 알고 있다.

좀 늦었다는 느낌도 있지만, 앞으로는 일본에 대해 다시 공부해야 하겠다. 아니 변해가는 세상 일본뿐만 아니라 모든 것을 늘 배워야 한다. 몰랐던 것을 새로 알게 되는 기쁨. 깨닫게 되는 기쁨. 누구도 모르는 나만의 기쁨이다. 무엇인가를 새로 배우는 오늘, 행복한 하루다. 오늘 또 무엇을 새롭게 알게 될까.

2019년 11월

# 돈의 무게

　돈이란 인간에게 무엇일까. 태워 버리면 허무하게 재가 되는 그것이. 그토록 인간들이 애타게 갈망하고 가지려고 하는 것. 아마, 돈이 있으면 가질 수 있는 모든 권력, 소망, 자유, 그 모든 상징이기 때문일 것이다.
　나는 일본 오사카 산골에서 태어났다. 농부의 딸이다. 농한기에는 아버지는 돌담을 쌓거나 정원의 돌을 놓고 꾸미는 일을 하셨다. 토카타(노동일)이다. 그렇게 수입이 안전하고 보장된 것이 아니므로 어머니는 기모노(일본 전통의상)를 만드는 일을 부업으로 하시고 담배 가게도 하면서 생활을 꾸려가셨다. 일곱 명 가족이었으니 여유는 없었다.
　오빠와 큰언니는 고등학교를 졸업하고 취직했고 작은 언니는 학비가 적게 드는 간호사학교에 갔다. 사 남매 중에 나만이 4년제 대학에 입학했다. 사립대학이어서 상당히 가계에 부담이 되었을 것이다. 하지만 부모님은 너 때문에 돈이 많이 든다는 말은 한 번도 하신 적이 없다. 단 어머니가 내게 하숙비와 생활비를 주실 때 "이것은 아버지가 피와 살을 잘라 팔아서 버신 돈이란다." 꼭 주실 때마다 말씀하셨다. 그 말을 들은 순간 내 손에 옮겨진 만 엔짜리 종이돈에 큰 무게가 실린 듯했다. 사고 싶은 책과 미술동아리에서 쓰는 돈은 스스로 아르바이트하고 벌었다.

초등학교 때부터 매년 운동회에서 추첨하면 우리 가족은 늘 껌 한 상자를 받았다. 모두 '꽝'이었던 것이다.(일본 초등학교에서 추첨하는데 꽝이면 껌 하나를 주었다. 한 상자에 껌 20개가 들어있다) 무슨 추첨이라고 하면 어김없이 '꽝'이었다. 그래서 그런지 나는 복권도 사 본 적이 없고 빠칭코도 어쩌다 한 번은 가게에 들어갔지만, 그 후 두 번 다시 가지 않았다.

어머니가 늘 돈에 대해 하신 말씀이 있다. 그것은 '돈은 절대로 빌리거나 빌려주지 말라'는 것이다. 빌려주고 돌려받지 못한 경우 돈도 잃어버리고 인간관계도 잃어버리기 십상이라는 것이다. 그리고 어려워질 때마다 그 돈이 생각나고 빌려 가서 갚지 않는 사람을 미워하게 된다고. 여유가 있다면 차라리 그냥 주라고.

어머니는 경험이 있으셔서 하신 말씀이었다. 아마 내가 초등학교에 가기도 전 어느 해였다. 모처럼 놀러와 아이들과 우리 집에서 자고 간 먼 친척이 있었다. 그때 십만 엔을 빌려줬더니 그 후 연락도 없고 한 번도 나타나지 않게 됐다는 것이다. 그 가족의 모습과 함께 어머니의 말씀을 내 마음에 새기게 되었다.

이렇게 자란 환경의 탓인지 나는 돈에 대해 좀 인색해진 것 같다. 좋게 말하면 절약하는 편이고. 크게 한턱을 쓸 줄도 모르고 남을 위해 크게 돈을 쓴 적도 없다. 현실적으로 여유가 없다는 것도 사실이지만.

남편은 나와 전혀 다른 생각과 이상을 갖고 있다. 남편의 고향은 전북 순창. 시골이다. 어릴 때부터 모두가 가난한 가운데서도 더욱더 가난했다고 한다. 어머니가 아프셨기 때문이다. 달력에는 늘 며칠에 얼마, 며칠에 얼마 식으로 갚아야 하는 금액이 쓰여 있었다고 한다. 초등학교 몇천 명 가운데 공부는 1등 했다는 남편은 중학교에 갈 때, 다른 아이들은 1만 2천 원이 필요했지만 3천 원만 있으면 되었다. 하지만 그것도 없어서 밤에 그 돈을 어떻게 마련해야 하는지 상의하고 있는 부모님의 목소리를 듣고 자기가 일하고 돈을 벌어 중학교에 가겠다고 결심하고 2년 일하다가 중학교에 갔다. 고등학교는 서울에 올라와서 낮에는 일하고 밤에 공부했는데 야간학교에서도 공부는 잘해서 일, 이등이었다고 한다.

처음엔 남편은 언젠가 돈을 벌어서 대학에 가겠다는 마음으로 일을 하고 있었다. 하지만 좀처럼 돈은 모이지 않고 참기름과 엿기름, 고춧가루 장사를 하다가 경쟁에 져서 사업은 실패했다. 그때 2년 정도 행방불명된 기간이 있었다고 한다.

도련님의 이야기로는 술을 많이 먹고 아버지에게 행패를 부리기도 하고 툭하면 소 팔고 뭐 팔고(부모님께서 남편을 위해) 했다고 한다. 다시 집에 돌아왔지만, 어머니는 몹시 아프셔서 수술을 네 번이나 했으나 돌아가시고 아버지는 실명하시고 도련님도 동시에 희귀병으로 아팠다고 한다. 남편은 건설재료회사에서 노동일을 하면서 그 병원비를 벌어야 했다. 참으로 고단한 생활이었을 것이다. 그 가운데 술을 같이 마시다가 화투도 치고 경마도 하고 복권도 사고. 현실의 어려움으로부터 잠시나마 마음의 위로를 느낄 수가 있었던 걸까. 그런 꿈이라도 꾸고 있지 않으면 도저히 살아 있을 수가 없었을지도 모른다.

  남편은 나를 만나면서 술을 끊었고 나도 콩깍지가 쓰여서 그런지 그때는 가난한 것 따위는 전혀 신경이 쓰이지 않았다. 생활은 처음부터 쉽지는 않았다. 남편이 노동일을 하다가 일터에서 싸움이 일어나 다시 술을 마시게 되었다. 신문지국을 하게 되고 생활은 더욱더 어려워졌다. 아이가 하나둘 태어났다. 몹시 어려울 때 남편의 호주머니에서 가끔 나온 경마 티켓. 그때쯤 나타난 옛 친구, 지인이라고 집에 찾아온 분들은 술을 마시고 담배를 피우고 화투를 치고. 뭔가 생활에 지치고 좌절하고 자포자기한 모습들이었다. 셋째가 배 속에 있을 때 돈이 없어서 반찬은 김치만 먹는 날도 많았다. 셋째 아이가 갑상선 저하증, 빈혈, 중이염 등 여러모로 약해서 미안하고 죄스러웠다. 넷째를 임신했을 때는 돈이 없어도 잘 먹도록 애를 썼다. 넷째가 태어나 생활은 어려웠지만, 남편의 성격이 밝아지고 좋아지는 것을 느꼈다. 그 막내가 세 살. 누워있는 아빠 얼굴을 핥으며 "맛있다" "맛있다" 할 때 "아~아~" 비명을 내던 남편의 모습. 흐뭇하고 행복하기도 했다. 외로운 남편의 마음자리가 조끔씩 채워지기를 간절히 바랐기에.

네 아이를 화재로 잃게 될 때까지 여러 사정이 있었다. 아이들을 보낸 뒤로 매달리듯 무리하게 신문지국 경영을 한 기간이 있었다. 한계가 오고 그만두게 되었다. 나는 두 번 임신했지만, 유산으로 끝났다. 부부관계도 상당히 어려웠고. 그 후 남편은 다단계사업을 한다고 열심히 뛰었다. 크게 돈을 벌겠다고 행복해하면서. 하지만 돈을 벌기는커녕 있었던 돈도 없어지고 그때 우리는 헤어질 뻔했다. 2년 후 남편은 돈도 인간관계도 잃고서야 실망하고 그것에서 손을 뺐다. 난 가슴을 쓸어내렸다. 2년으로 끝나서 다행이라고.

하지만 중독성이 있는 것은 마약이나 술만이 아니었다. 도박도 중독이고 다단계도 상당히 중독성이 있는 것을 알았다. 교회 새 식구 중에 예의 바르고 신사적인 분이 있었다. 다단계사업을 몇 가지 하고 계셨는데 집도 옆 동네고 남편은 그를 돌봐준다고 가깝게 지냈다. 처음은 성경 이야기, 신앙 이야기를 했는데 점점 그분이 다단계사업에 남편을 권유하기 시작했다.

그 사람의 권유로 코인 투자를 하게 되었고 주변 사람을 연결하기 시작했다. 죽기 살기로 해서 그런지 꽤 많은 분이 남편의 권유로 투자하니까 당장 수익이 많은지 떼돈을 벌겠다고 행복해하는 모습을 본다. 돈을 벌면 교회 건물도 사고 청소년수련원도 만들고 장학재단을 만들고 시동생에게 슈퍼 하나 마련해 주고 어려운 사람을 도와준다고, 아름다운 꿈을 꾸고 있다.

돈이 많은 사람이 모두 착하고 어려운 사람을 돕고 싶은 마음을 가득 갖고 있다면 이 세상은 바로 행복한 사회가 될 것이다. 하지만 인간의 마음에 언제 마귀가 들어갈지 모르는데, 코인 투자에 완전히 빠진 남편 옆에서 나는 늘 걱정이다. 나라와 세계가 가상화폐 문제를 어떻게 풀 것인가. 이제 점점 현금을 안 쓰게 되는 것은 사실이지만. 오늘도 온종일 카드 하나로 외출하고 쇼핑하고 버스와 지하철을 타고 집에 왔다. 찍찍 소리 하나로 나가버린 돈. 이제 더는 돈의 무게를 느낄 수가 없다. 학생 때 받은 그 1만 엔 지폐의 무게. 오늘따라 그 무게가 그리워진다.

2019년 7월 15일

# 빨간 십자가와
# 김칫국물

집을 나가 골목을 빠져나간다. 새벽에 쌀쌀한 바람을 맞고 걸어가는데 저 멀리 옅은 안개 속에 빨간 십자가가 여러 개 보인다. 빨간 십자가…. 나는 독일과 미국에 다녀온 적이 있었는데 그곳의 십자가는 빨간색은 아니었다. 밤에 외출을 잘 안 해서 기억에 없는 것인지는 몰라도. 나는 어둠 속에 빛나는 그 많은 빨간 십자가를 지금도 잊지 못한다.[4] '이 나라가 그렇게 피를 흘렸구나! 그때 그렇게 생각했다.

빨간색이라면 김치가 빨간색이다. 요새 '기무지'라고 88올림픽, 2002년 월드컵, 그리고 '겨울연가'를 시작으로 불거진 '한류' 영향으로 많은 일본 여행객이 한국에 왔다 가기도 하고 김치를 즐겨 먹게 되었다. 하지만 김치가 왜 빨간색인지에 대해 아는 일본인은 많지 않을 것이다.

---

4 일본에는 기독교가 인구의 1%라서 십자가 자체를 보기가 어렵다.

실은 김치는 원래 빨간색이 아니었다고 한다. 임진왜란 이전까지는. 그럼 어떻게 빨갛게 되었는가. 그때 남녀노소 사정없이 한반도에서 서민들이 일본군의 칼에 죽임을 당했을 때, 왜군이 적군이 눈을 뜨지 못하도록 '메쯔부시[5]'로 태워서 쓰다가 남은 고추를 두고 간 것이다. 그것을 주워 심다가 수확하고 김치에 넣기 시작한 것이란다. 그것을 알고 나선 나는 또 그것이 마치 피를 흘린 것처럼 느꼈다.

김치…. 이웃에 '부부싸움을 하면 김치를 담근다.'라는 아주머니가 계셨다. 나이는 나와 비슷했다. '속상해서 미워서 어떤 김치 담그실까?' 생각했다. "미운 마음으로 요리를 하면 눈에 안 보이지만 독과 같은 요소가 들어가서 소화 불량 또는 계속 먹다가 죽을 수도 있다"라고 들어 본 적이 있어서. 한번은 그 아주머니가 배추김치를 주셨다. 어떤 맛이었을까 했는데 대단히 맛있는 것이었다. 적당히 익은 배추김치. 단맛 신맛 짠맛 매운맛이 어울려 배추 맛도 김칫국물까지 정말 맛있었다. '이것이 진짜 김치 맛이구나!' 그때까지 내가 만든 김치는 그냥 남편이 (맛이 없어도) 참고 먹어주고 있었다는 것을 알았다.

한국 음식문화에서 대표 중에 대표적인 것이 김치가 아닌가.

---

5  메쯔부시; 일본어, '눈을 망가뜨리다'라는 뜻

일본에서 가지고 왔다고 한지만 원래는 '토우가라시(고추)'는 남미가 원산지이고 콜럼버스가 전했다고 한다. 이름이 '토우가라시'라 해서 '토우'가 중국 당나라 당 자라 더욱 헷갈리는데 일본에서는 평상시 요리에서 잘 안 쓴다. 우동을 먹을 때 '시치미토우가라시(일곱 가지 맛 고추)' '이치미토우가라시(한 가지 맛 고추)'라고 해서 위에 뿌려서 쓰는 정도이다.

한국에서 이십육 년째, 이제 나는 귀화하여 한국에 살고 있다. 나는 한국에 기독교가 그렇게 짧은 기간에 전파된 이유를 알 것 같다. 원수를 용서하고 원수를 위하여 기도하라고 말하여, 실천하고 십자가에서 돌아가신 그리스도의 사상이 한국 역사와 민족성에 맞아떨어진다고 생각이 든다. 수많은 빨간 십자가, 그리고 그것과 내 마음속에 빨간 김칫국물이 겹친다. 그리고 그 김치를 이제 나도 늘 담그고 오늘도 맛있게 먹고 있다.

2018년 5월

# 알아서
# 한다는 것

　한국에 시집와서 이십육 년이 되었다. 오 년 전에 귀화해서 한국 이름도 갖게 되었다. 그동안 많은 일이 있었다. 국제 관계에서는 '겨울연가'를 시작으로 '한류' 인기가 일본에서 폭발했고, 일본뿐만 아니라 온 세계에 퍼져나갔다. 국내에서는 컴퓨터, 특히 삐삐를 시작으로 스마트폰까지 발전된 핸드폰이 온 국민이 사용하게 되었다. 이런 것들만 생각해도 기적과 같다는 생각이 든다.

　한국에 와서 일본과 다르다고 느꼈던 점들이 많은데, 일본에서 사용하지 않는 언어표현에 대해서 말하고 싶다. 그것은 '알아서 한다.'라는 것이다. 일본에서 누군가에게 예를 들어 "설거지 좀 해줘요."라고 부탁했다고 한다. 그러면 설거지만 완벽하게 깨끗이 할 것이다. 그러나 한국에서 똑같이 "설거지 좀 해줘요."라고 부탁하면, 주변 청소도 하고 냉장고도 깨끗이 정리하고 '알아서' 더 해준다는 것이다. 즉 일본인은 시키는 일은 잘하는데, 스스로 판단하고 더 하려고 안 한다는 것이다.

"알아서 해" 남편의 말을 그대로 따라 정말 알아서 내 판단대로 해서 혼난 일이 있다. 알아서 하는 것은 좋은데 '어떻게' 알아서 하는가가 문제인 것이다. 시동생이 결혼해서 내게도 동서가 생겼을 때였다. 시아버지 시어머니 제사 때 아르바이트하고 있었던 동서는 거기서도 책임 있는 일을 하고 있다 보니까, 온다고 말한 시간보다 몇 시간 늦게도 왔다. 교회에서 봉사하는 일이 있어서 많이 늦는다고 할 때도 "알아서 해"라고만 했다. 그때 나는 남편이 내게 가끔 "알아서 해라"라고 할 때 그 마음을 알았다. 알아서 하기는 하는데 '잘못' 알아서 하면 안 된다. '잘' 알아서 해야 한다. 무엇을 알아야 하냐면, 상대방이 무엇을 원하는가, 지금 내가 있는 상황은 어떤 상황인가 빨리 파악해야 한다.

스스로 깨닫고 판단하고 책임감 있게 행동한다는 것, 그것이 '알아서 한다.'라는 진정한 뜻이라고 생각한다. 지금 한국은 남북문제와 한미, 한일관계를 비롯해 국내에서도 지역갈등, 연령층마다 생각 차이로 인한 갈등, 취직난, 날로 높아지는 이혼율 등 가정문제, 결혼문제, 저출산 문제, 어려운 문제로 가득하다. 하지만 국민 한 사람 한 사람이 알아서 각자의 자리에서 최선을 다한다면, 한강의 기적은 임진강의 기적이 되어, 한반도를 넘어

온 세계의 희망이 되어 본이 될 수 있다고 믿는다. 그 기적을 위해 나부터가 지금 내 남편 내 가족에게 또는 직장에서 이웃, 지역사회에서 어떻게 해야 하는지를 '알아서 잘 수행'해야 할 것이다.

2018년 6월

# 여자의
# 꽃

　모든 종자식물은 반드시 꽃이 피고 열매를 맺는다. 이 사실을 깨달았을 때 대단히 놀랬다. 어떤 잡초도 수수하지만, 꽃이 피고 열매를 맺는다는 사실. 그리고 수수한 꽃일수록 놀라운 번식력을 갖고 있다는 것. 그들은 흙 속에 섞여 있고 빛과 물만 만나면 언제 어디서나 싹을 낸다.

　'생리는 여자의 꽃이야.' 언제였을까 이 말을 들은 것이. 그때는 무슨 뜻인지도 몰랐다. '생리'가 우울하고 귀찮은 것뿐이었던 나는 '이게 무슨 꽃이라는 거야'라고 이상하게 생각하고 지나쳐버렸다.

　내가 태어나서 자란 시골의 화장실은 재래식 변소였고 나무 바닥에 네모난 구멍이 있었다. 아래를 보는데 가끔 그곳에 피가 작게 때로는 크게 묻어있고 떨어져 있는 것을 발견했다. 나는 누가 심하게 힘을 주다 피가 났나? 치질에 걸렸나? 이렇게 생각했었다. 작은언니가 중학교 때 처음 생리를 할 때쯤이었다. 언니가 작은 방에서 팬티를 내리고 있는 장면을 봤다. 그곳에 살짝 피가 묻은 것이 아닌가. 무슨 병에 걸렸나 봐 불쌍해. 순간 그렇게 생각했었다.

그러나 금방 그것은 나의 일상이 되어서 내 오해였다는 것을 알았다. 한 달에 한 번 허리가 무겁고 나른하고 하혈하는 것. 열세네 살부터 사, 오십 대 중반까지 모든 여성이 경험하는 것, 그것이 생리다. 어떻게 머리털 3개의 단면 정도의 크기의 난자가 하나 나오는데 그렇게 다량의 피가 나오는지 신기하다. 첫날은 소량이지만 이삼일 째가 되면 출혈량이 많고 생리대도 옛날은 그렇게 편한 것이 없었으니까 늘 신경 쓰이는 날. 바로 그것이 생리였다.

구약성경을 보니까 여성의 생리에 대해 '부정하다.'라고 표현되고 있다. 일본에서도 여자가 목욕한 뒤는 '더럽다.'라고 가와바타 야스나리의 소설 『이주(伊豆)의 무희(舞姬)』 안에서 표현되고 있다.

아니다. 이제 그 꽃을 피우지 못하게 된 나이가 된 나는 확실히 안다. 생리는 '여자의 꽃'이다. 하나의 난자가 난소에서 나오고 그 십 분의 일 이하의 정자가 오기를 기다리며 준비를 하면서 1센티 두께가 되는 자궁내막. 모든 준비를 하다가 필요 없게 되자 스스로 떨어져 체외로 배출된다. 그것이 생리. 그 꽃이 피어야 열매를 맺는다. 수정, 세포분열, 출산. 새로운 생명의 탄생. 남자의 생식기가 무엇이고 여자의 생식기가 무엇인지, 진지하게 가르치고 있는 교과서…. 나는 아직 그것을 찾지 못하고 있다.

사실 제일 귀한 그것을 제일 추하고 악하고 저속하고 더러운 것으로 여겨왔던 역사였다는 것을 인정 안 할 수가 없다. 최근 제일 흔히 들었던 한국의 욕이 여자의 생식기를 의미한다는 것을 처음으로 알았다. 놀랐다. 제일 귀한 것을 추한 것으로 여겼었구나. (다른 나라도 아마 비슷할 것이다.)

일본어 수업하러 가는 길에 여고생들이 참새 떼처럼 웃고 수다를 떨며 등교하는 모습을 본다. 부디 그 꽃들이 예쁘게 피고 훌륭한 열매를 맺기를 기도한다.

2019년 8월

# 인생의 마디에서
## -죽는다는 것-

인생에는 몇 번의 고비가 있다. 사고나 병, 사업 실패거나 대학시험에 떨어진다거나 실연하거나 사람마다 가지가지다. 나도 또한 그 고비가 여러 번 있었다. 일본에서는 그것을 후시메라고 한다. 후시메는 대나무의 마디를 의미한다. 대나무는 안쪽이 비어있지만, 마디로 인해 바쳐지고 성장할 수 있어서 인생의 전환기 또는 고비로서 비유적으로 쓰인다.

한국에 시집오고 나서 십사 년째. 일본에서 혼자 생활할 때가 있었다. 그때 이혼은 하지 않더라도 나는 혼자 살다가 죽는다. 그런 생각을 했었다. 친정에 갈 면목이 없어서 언니 집에서 얹혀 살다가 일을 찾고 또 원룸을 빌려 생활을 하기 시작했다. 일은 병원에서 간호사 밑에서 도와주는 케어워커(간호도우미)라는 직업이었다. 하는 일은 매일 가서 첫 번째로 환자들의 식사를 도와드리고 목욕을 시켜드리고 마지막으로는 환자의 기저귀를 바꿔드리는 일이었다.

타임카드를 찍고 나서 옷을 갈아입으면 온종일 점심시간 말고는 바쁘게 일했다. 내가 일했던 병동은 내일 모레 하는 중환자와 잠깐 다친 부위를 치료받고 바로 퇴원하는 환자들이 섞여 있는 병동이었다. 그래서 가끔 돌아가셔서 그 마지막 처리도 해드릴 때도 있었다. 그러면서 죽음에 대해서 생각하게 되었다. 어떻게 죽음을 맞이할 것인가.

환자 중에는 입으로 먹지 못하고 코로 유동식을 먹으며 누운 채로 사시는 분도 있고 의식이 있는지 없는지 모르는 분들도 계셨다. 그래도 아기에게 말할 듯 "…씨, 안녕하세요?" 짧은 말이라도 걸어보고 처치를 해드렸다. 계속 누워서 자신의 힘으로 움직이지 못하시는 분은 매일 기저귀를 갈아드릴 때 하루는 이쪽 하루는 저쪽 누운 방향을 바꿔야 한다. 욕창이 생기기 때문이다.

쉬는 시간에 의사와 간호사가 이야기하고 있다. "나는 절대로 병원에서 안 죽는다. 다다미(일본의 일반 집 안방, 침실에 깔린 신물로 만들어진 판) 위에서 죽고 싶다." "맞아, 나도 꼭 다다미 위에서 죽을 거야."

어떤 할머니가 입원하셨는데 음식물을 못 드신다. 오줌이 안 나와 링거주사를 맞고 약을 투입하니까 금방 기저귀가 젖는다. 약의 힘으로. 다음날 아들이 와서 못 드신다고 알고 "모우 아칸

나(이제 안 되겠구나)" 오사카 사투리로 그리 말하고 바로 집으로 데리고 갔다. 어쩌면 이 아들이 효자일지도 모른다고 나는 생각했다. 누운 채로 계시는 분들은 거의 가족이 안 왔다. 돌아가셨다는 소식을 듣고 나서야 오셨다. 이리 표현해도 되는지 모르지만 '병원에 버린다.'라는 느낌까지 받은 정도였으니까.

  나는 시부모님이나 부모님을 끝까지 모시고 보냈다는 사람을 정말 존경한다. 죽음이라는 것이 무섭기도 하고 오줌똥을 받아내는 일, 그것이 얼마나 어려운 일일까. 어디까지 할 수 있을까. 시부모님이 돌아가신 뒤에 남편을 만나 부모님을 모실 기회도 없었지만 그렇게 할 자신이 없었다. 어떤 지인은 친정어머니가 돌아가실 때까지 집에서 보셨는데 마지막에는 항문의 감각이 없어지는지 똥을 그냥 싸버리셨다고 한다. 치우는 데 고생도 하면서 하신 말이 "사랑은 내리사랑이지 절대로 반대로는 안 가는 법이야." 지극 정성으로 어머니를 모셨던 분도 쉽지 않으셨던 보양이었다.

  하지만 나는 환자들을 돌봐드리면서 이 짧은 기간에 좀 더 늙어가는 것과 죽어가는 그것을 자연스럽게 받아들이게 되었다. 아이가 태어나면 누워만 있고 똥 싸고 오줌 싸고 울고 그러다가 옹알이를 하고 뒤집기를 하고 끼고 앉고 잡아 서고 말하고 걷고 그렇게 성장한다. 죽을 때가 되면 그 반대로 가는 것이다. 걷고 있다가 걷지 못하게 되고, 말하고 있다가 옹알이처럼 알 수 없는 말을 하게 되고, 기저귀를 하고, 점점 하나하나 못 하게 된다. 자연현상인 것이다. 그리고 돌아가는 것이다. 어디에? 원래 있던 곳에? 안 죽어봐서 모르지만.

그때 나는 남편과 헤어지지 않았다. 3개월 후에 다시 남편과 살게 되었다. 그 후도 아이는 안 생겼고 양자도 남편의 마음만 바뀐다면 받고 싶었는데 못 했다. 그러다가 나이 들면서 무릎도 아파지고 60세가 되니까 이제 마음이 비워졌다. 지금 내 소망은 운이 좋아 내가 더 길게 산다면 내 남편은 내가 끝까지 봐 드려야지. 그것이다. 내가 그렇게 말하면 "아니 당신이 먼저 죽을지도 모르지 않아요." 지인이 말한다. 맞는 말이다. 그런 일이 있으면 빨리 데리고 가든가 해야겠다, 이런 생각을 한다. 죽는다는 것, 누구나 정해진 현실이다. 가끔 냉정하게 생각하고 준비도 해야 한다고 생각한다. 그 이전에 열심히 살아야 하지만.

2018년 12월

# 카지노

　벚꽃이 예쁜 아차산 중복에 워커힐 호텔이 있다. 외국인 전용 카지노가 있는 곳이다. 영화에서나 봤지. 평생 그런 곳에 내가 갈 줄이야 몰랐다. 수지침을 배우다가 선생님과 친하게 되어 그곳에서 선생님의 조수로 아르바이트를 하게 된 것이다. 난 일본어와 영어 회화가 가능했으니까.

　선생님은 수지침과 뜸을 뜨기 위한 모든 것이 들어있는 가방을 가지고 오셨다. 카지노 입구에서 통행증 같은 것을 받고 들어가 정해진 자리에서 책상과 의자를 세팅하고 기다리면 손님들이 오셨다. 돈을 벌려고 기를 쓰고 게임을 하다가 혈압도 높아시고 머리도 아프고, 그런 분들을 간단한 치료로 어느 정도 편하게 해줄 수가 있었다. 압침봉으로 치료도 하고, 손바닥에 종이를 두 겹으로 올리고, 뜸을 떠드리면서 대화도 하게 되어 그분들의 사정에 접하기도 했다.

　그중에는 모든 것을 잃고 이혼당하고 혼자 카지노 안에서 사는 일본인이 있었다. 한 분은 얼마 전 남미에 다녀왔다는데 밀항이라 잡혔다고 한다. 감옥에서 생활하다가 왔다는 것이다. 고생하셨네요. 라고 위로의 말을 했더니 그곳에 있으면 먹는 걱정이 없어서 편했다고 하셨다. 어떤 아저씨는 역시 모든 것을 잃고 이혼하고 여기서 사는데, 자살할까 생각하고 계셨다. 자살은 어떤 죄보다 더 나쁜 죄라고, 지옥보다 더 힘든 곳에 간다고 말했더니 깜짝 놀라셨다. 자살하면 누구에게도 폐를 끼치지 않으니까 괜찮다고 생각했다는 것이다. 덧붙여 천국은 둘이서 가는 나라라는, 이야기했더니 그다음 주에 하는 말이 "애인에게 같이 천국에 가주겠냐고 했더니 싫다고 했다."라고 하셨다.

어떤 필리핀 여성은 남편을 잃고 슬픔 속에 있다가 여기서 도박하고 지내니까 좀 괜찮다는 것이었다. 카지노라고 해서 그곳에서 만난 사람은 모두 뿔이 있는 것도 아니고 아주 이상한 사람들인 것도 아니고, 내 눈에는 지극히 보통사람들이었다. 여행 패키지에 짜여 있어서 선물을 준다니까 왔다는 여행객도 있었다. 여기서 맛보기로 한두 번 하다가, 또 오고 빠지고 그렇게 되는 걸까?

신기하게도 그곳에서 아르바이트하고 있는 기간에 우연히 도박으로 5억을 날린 아저씨를 만났다. 부인을 잃고 기도원을 다니다가 약간의 위로를 받았지만, 마음을 가누지 못하고 경마 같은 것에 빠졌다는 것이었다. 다행히 아무것도 없어진 자기에게 아들이 2천만 원이 들어있는 통장을 주고, 그 돈으로 방을 빌리고 현재 노동일을 하면서 사죄하는 마음으로 살고 있다고 한다. 한가한 시간에는 영어나 일어를 공부하고 기타도 치시는 분이었다.

  소문으로는 강원랜드 카지노에서 많은 한국인이 죽었거나 폐인이 된 분도 많다는데. 카지노라는 것이 누구를 위해 만들어진 것일까. 사람은 노는 것도 필요하겠지만, 카지노보다 재미있으면서도 사람의 정신과 몸 건강에 좋은 것이 따로 없을까. 그곳에서 일하는 동안 계속 그런 생각을 했다. 그 후 호텔에 가는 길에 발을 심하게 삐어버려, 또 밤늦게 집에 오니까 남편이 가지 말라 해서 못 가게 되었다. 카지노뿐만 아니라 도박 같은 것은 평생 가까이 다가가지 않는 것이 좋다고 새삼 느꼈다.

2020년 1월

# 시장이
# 반찬이다

"시장하시나 봐요."라고 일본어 학생부터 들으면 굉장히 존경받고 있다는 느낌이 든다. 시장하다=배고프다는 뜻인데 윗사람에게 쓰는 높임말이다. 일본어 학생들에게 수업 때마다 속담을 하나씩 공부하고 있어서 어느 날 「空きっ腹にまずいものなし」(스킷빠라니 마즈이모노나시: 빈속에 맛없는 것이 없다)라고 카톡방 또는 옛 학생이나 일본어를 아는 분들에게 문자를 보냈다.

영어로는 'Hunger is the best sauce.'이지만 한국에 같은 속담이 있는 것은 바로 떠오르지 않았다. 밤에 전화가 왔다. 그분이 누구인지 기억을 못 했지만, 품위 있는 일본어로 "한국말로는 '시장이 반찬'이라고 해요. 저는 일본강점기 때, 일본사람만 다니는 학교에 다녔어요. 집에 나를 돌봐주는 모리타 씨라는 여성이 있었는데 늘 '그렇게 하면 안 돼,' '저렇게 하면 안 돼,'라는 의미로 안 돼(이케나이) 안 돼(이케나이)라고 너무 자주 말하니까 모리타 씨라고 안 하고 '안 돼요 씨(이케나이상)'라고 불렀지." 그녀는 재미있는 듯 그리운 듯 말씀하셨다. 나이는 많을 텐데 목소리의 울림이 마치 소녀와 같았다. "나 기르는 개한테 물린 적도 있었어요. 교사 하고 있었으니까." 그전에 보내드린 '기르는 개에게 손을 물린다(믿는 도끼에 발등을 찍히다)'라는 속담 이야기도 재치 있게 해주셨다.

전화를 끊고 갑자기 '시장이 반찬'이라는 말이 신기하게 느껴져 검색을 해봤다. '시장'이라는 한자는 없다. 높임말인데. 유래는….

조선 시대 16대 왕인 인조는 축지법을 익혀 넓은 조선의 국토를 여행으로 돌아 민생을 보살폈다. 그분이 백성의 빈곤함을 보고 임금일지라도 호의호식하지 않겠다는 뜻으로 오찬(다섯 가지의 반찬)으로 수라를 정했다. 그 시절에 벼슬이 조금 높은 분이 벼슬이 낮은 사람의 집을 공무로 방문을 하여, 늦게 4시쯤에 중식을 받았는데 반찬이 네 개였다. 벼슬이 낮은 사람은 식사를 마친 그에게 오찬으로 식사를 하시니 맛이 어떠냐고 물었다. 벼슬이 높은 사람은 방금 먹은 게 오찬이냐고 따졌으나 그렇다고 하기에 할 말을 잊고 돌아왔다. 벼슬이 높은 사람은 이튿날 임금께 소상히 아뢰며 이놈을 더 두었다가는 임금을 속이기를 밥 먹듯이 할 놈이니 지금 벼슬을 빼앗아 버리자고 했다. 두 사람의 말을 다 듣겠다는 인조의 말에, 불려온 낮은 벼슬의 관리가, 분명하게 오찬을 드렸다고 하자 요놈 봐라, 벼슬이 높은 사람이 화를 냈다. 임금이 그러면 무엇 무엇 하여 오찬이더냐 하고 물으니 예, 대왕마마 첫째는 시장이 반찬이고, 둘 셋 넷 다섯을 아뢰니 임금이 무릎을 탁하고 치시며, 짐은 매 날마다 여섯 찬으로 먹고 있었구나 하여 두 사람의 벼슬을 바꿔놓았다는 실화로 그때 시장이 반찬이란 말이 생겨났다.

이런 유래가 있었구나. 무심코 속담을 배우다가 한국문화와 역사의 공부도 하고. 전화로 알려주신 노 귀부인에게 진심으로 감사를 했다. 오늘 우리 집 저녁 식사 반찬은 김치와 생채소와 나물 두 가지. 남편이 오면 고기와 국이 더해진다. 임금님의 반찬보다 적지만 일을 끝내고 몸을 씻고 나면 배가 고프니까 모두 맛있다. 그야말로 시장이 반찬이다. 혹시나 시장은 時腸, 배꼽시계가 울린다는 뜻이 아닐까? 시간이 되면 배고프다고 느끼는 건강에 감사하고 싶다.

2020년 1월

# 황희 정승

　남편과 같은 신앙을 하고 있으면서 갈등이 생겼다. 교회 내 분열로. 사랑교회에 사랑이 없고 평화교회에 평화가 없다고 누가 웃을 수 없는 우스갯소리를 한다. 또, 태극기와 촛불로 갈라진 친척, 지인, 또 일본어 학생들. 그 사이에서 나는 고민했었다. 가짜뉴스가 돌고 믿고 있었던 것이 무너졌다. 주변에 타협이 없는 묘한 분위기 속에 지인과 이야기하다가 황희 정승을 알게 되었다.

　황희는 태조부터 세종에 이르기까지 네 임금 아래서 일한 인물이다. 그의 성품에 대한 유명한 일화가 있다. 집에서 부리던 두 여종이 다투던 중, 한 종이 상대방의 잘못을 고하며 자신의 정당성을 주장하자 그는 "그래, 그래, 네 말이 옳다."라며 다독거렸다. 그러자 다른 종이 지지 않고 변명을 늘어놓았다. 황희는 그 말을 듣고 "그렇다면 네 말도 맞구나."라며 둘을 타일러 보냈다. 그러자 지켜보고 있던 그의 아내가 "이놈도 옳다, 저놈도 옳다 하시면 어찌합니까? 한 나라의 정승이 그리 사리가 분명치 않으면 어떻게 합니까?"라고 나서자 황희는 "맞소, 부인 말도 참으로 맞구려."라고 대꾸했다는 것이다.

　내게 이 이야기가 큰 깨달음을 주었다. 나의 고민이 사라지고 마음이 한층 가벼워졌다. 한국 사람 중에 이런 인물도 있었구나. 놀라움을 감출 수가 없었다. 자기주장을 절대 꺾지 않는 사람이 내 주변에는 많았으니까.
　그 후 나는 어떤 사람의 주장도 끝까지 잘 들으려고 했다. 그리고 내 주장은 안 하도록 했다. 그 사람의 입장에서는 그것이 맞는 것이고 옳은 것이니까. 내가 할 수 있는 일은 뭘까. 잘 듣는 것. 기도하는 것. 사랑하는 것이다. 진리는 스스로 밝혀질 것이다. 역사가 그렇게 흘러왔던 것처럼.

2020년 1월

# 신사임당의
# 남편

　동서한테서 전화가 왔다. "형님, 결혼식이 있데요." 먼 친척이지만 도련님이 계속 소식을 주고받고 있었다. 큰할아버지의 손자의 아들. 육촌이나 될까. 남편은 처음은 "왜 내가 가야 돼!"라고 했었지만, 잠시 생각하다가 나를 보고 "다녀오라, 동글이 아줌마가 있으니까."라고 했다. 그랬다. 얼굴이 둥글둥글해서 우리끼리 부르는 별명 동글이 아주머니. 조씨(남편의 성) 집안에 시집와서 고생을 많이 한 사람이다. 자식은 다섯 남매를 낳으셨다. 그러다가 돈을 벌겠다고 남편이 서울에 가서, 다른 여자와 사랑에 빠져 살림을 따로 차렸다는 것이다. 이혼해 달라고까지 말했다는가. 그 후 혼자 다섯 남매를 기르신 것이다.

　오늘 결혼하는 사람은 그분의 손자였다. 큰집 형님의 장례식 이래 7년 만이다. 곱게 한복을 입으시고 휠체어에 앉으신, 얼굴이 둥근 부인. 동글이 아주머니다. 깜짝 놀라서 다가와 물으니까 작년에 뇌경색으로 쓰러지셨다고 한다. 오랜만에 친척들을 만나고 누가 누군지 기억이 희미한데, 순창 시골에서 아들과 함께 올라온 큰집 며느리가 알려주고 인사를 시켜주었다. 큰집 며느리를 보니까 처음 만났을 때 앳된 모습이 떠오른다. 세월이 흘러, 이렇게 늠름한 큰집 맏며느리의 품격을 갖게 됐구나. 그런 생각도 들고, 여러모로 조씨 집안에 시집오신 여성의 고생을 생각하니까 눈시울이 뜨거워졌다.

동글이 아주머니는 그 후 시골에서 농사를 지으며 정성을 들이면서, 마음을 다스리고 꿋꿋하게 살아오셨다. 둘째 아들은 목사가 되었고 늘 봉사하고, 오늘 큰아들의 아들 결혼식은 예배와 같으면서도 자연스럽고 분위기가 좋았다. 핏줄이라 그런지 둥근 형 얼굴들이 많은 결혼식장이다. 나는 진심으로 축복해드리고 싶었다.

집에 왔다. 이율곡 선생님에 대해 알아볼 것이 있어서 찾다가 신사임당의 이야기를 알게 되었다. 그분은 현재 5만 원 지폐에 소개될 만큼 훌륭한 여인으로 손에 꼽히는 분이다. 그런데 그분의 남편은 자식도 팔 남매를 낳았는데, 술집 여인 권 씨와 다른 살림을 차렸다. 사임당은 심장병으로 마흔여섯의 나이로 돌아가신다. 똑똑하게 남편에게 말을 하는 기록이 남아 있는데, 속으로는 얼마나 마음이 아팠을까, 그 아픔이 전해왔다. 사임당은 가슴이 너무 아팠던 것이다. 그래서 심장병으로 돌아가신 것 같아. 나의 멋대로의 생각인지도 모르지만. 참 신기하기도, 이름까지 '이 원수'라니.

내가 쓴 글에 오류가 있어서 덧붙이게 된다. 신사임당과 남편 이원수의 대화는 이후 영조 때의 문신인 정래주가 썼던 가상회화였고 실체 대화가 아니었다. 그리고 알고 보니 이원수는 딸밖에 없었던 사임당의 장인의 원을 듣고 장인이 돌아가실 때까지 처가에서 살았다. 아내의 그림을 다른 사람에게 자랑하기도 했다. 남편이 과거 공부를 게을리하자 자신의 머리카락을 자르며 당신이 공부하지 않으면 절에 들어가 비구니가 되겠다고 협박했다. 급기야 과거에 급제할 때까지 10년 동안 따로 살자며 절간으로 쫓아내기까지 했다.

이것을 모르고 '이 원수'라고 말한 것을 이원수 신사임당 남편분에게 사과하고 싶다. 그리고 나는 남편에게 어떤 아내인가 다시 생각하게 된다. 신사임당 같은 현모양처인 여성상과 술집 여인 권 씨의 성품. 그 모두를 가질 수는 없을까.

2019년 12월

## 하루를 시작하며

　봉사활동 할 때였다. 문제가 많은 사람이 있었다. 그녀는 행동이 자연스럽지 못하고 주위 사람을 늘 힘들게 했다. 밉다. 참으로 사랑하기 어렵다. 그러나 어느 날 생각이 들었다. 어떤 문제가 있는 사람, 결점이 있는 사람이 있는데, 결국 그 결점으로 인해 고통받게 되는 것은 그 사람 자신인 것이다. 본인이다. 제일 괴로운 것은. 미워할 필요가 없고 저주할 필요가 없다. 그렇게 생각하니까 마음이 편하게 되었다. 지금도 가끔 생각난다. 그녀는 어떻게 살고 있을까. 결혼하고 애기 하나 낳고 이혼했다는 소식은 들었는데.

　지금 현재 나를 힘들게 하는 사람이 있다. 사랑하기 어려운 사람이 있다. 그러나 미워할 필요가 없다. 저주할 필요도 없다. 제일 괴로운 것은 그 사람 자신일 되니까. 그렇게 보면 모두 가여운 인생들인데, 나를 포함해서 말이다. 오늘 그 사람을 위해 내가 할 수 있는 일이 무엇인가. 하루를 시작하며 조용히 그 사람이 잘되기를 기도할 뿐이다.

2019년 9월 3일

# 한(恨)과 원(怨)

　한국은 '한'의 문화라고 한다. 일본문화는 그것과 비교할 때, '원'의 문화가 아닐까 생각이 든다.

　어느 나라에서도 살아가는데 '고생'은 꼭 있다. 일본에서도 고생한 할머니 이야기를 들어봤다. 그런데 한국에 와 어떤 할머니가 먹여 줄 것이 없어 자식이 하나 죽고 둘 죽고 셋 죽는 이야기를 들었을 때, 한국 사람이 겪어 오신 고생은 좀 차원이 다르다는 생각이 들었다. 그때 내 느낌으로 말하자면 '모래를 씹는 듯한 고통'이라고 표현할 수 있을까. 할머니는 세 번째 아이가 죽었을 때 '돌았다'라고 하셨다. 그때 담배를 피웠더니 좀 마음이 편해졌다고 하셨다. 나는 담배는 '백해가 있어도 일리가 없는 것'이라고 생각했었지만, '이런 분에게는 나쁜 것이 아니구나.' 그렇게 생각했다. 할머니는 남편을 일찍 잃고 남은 딸 둘을 기르시고 딸과 사위와 손자들이 지켜보는 가운데 평화스러운 얼굴로 수년 전에 눈을 감으셨다. 세 아이가 맞으러 온 걸까,

그렇게 사람이 돌아가신 얼굴을 자주 본 것은 아니지만 놀랄 정도 행복한 얼굴이었다.

1991년 나는 일본이 한국에 와서 많은 악행을 행하였던 것을 조금은 알았다. 그때 일본에서는 일본군 위안부 문제 서류가 발견되어, 국제 문제가 되고 있을 때였고 정부가 사과 못 한 대신에 여성단체가 나서서 사과 행사를 한다고 해서 나는 자원해서 한국에 왔다.

한 집 한 집 한 사람 한 사람 전단지를 드리면서 사과를 했다. 그런데 거의 모든 사람이 전단지를 받아주고 사과를 받아주었다. "당신이 한 일이 아니잖아, 나는 히로시마가 내 고향이야"라고 나를 안아주신 할머니가 계셨다. "우리가 힘이 없어서 그런 거야." "주님 앞에서는 같은 죄인인데 큰 차이가 있겠어요?" 그런 분도 있었다.

나는 그 후 한국에 시집와서 살았지만 깨달았던 것은 '한국 사람은 일본 나라를 미워하지만, 일본사람 개인을 미워하지 않는다' 이었다. 군 위안부, 독도, 교과서 문제로 일본 대사관 앞에서 시위할 때도 자기 손가락을 잘라 피를 흘리기는 했지만, 일본사람을 해치지는 않았다. 한국에 시집와서 일본인이라는 이유로 누가 나를 괴롭히는 일은 한 번도 없었다. 직접 일본 '캔

페이'에게 그릇을 빼앗기고 학교에서 한국말로 말했다고 심하게 맞고, 그런 경험을 하신 동네 할머니 할아버지 분들도 나를 며느리처럼 딸처럼 외국에 시집와서 고생한다고 늘 따뜻하게 대해주셨다.

'한'이라는 말이 무엇인가 그리고 그 '한'이 언제 풀리는가.

여기서 '원'과 '한'의 차이를 나는 말해보고 싶다. '원'은 확실히 미워하는 상대가 있고 '원을 갚는다.'라는 것은 눈에는 눈 이에는 이 식으로 똑같이 갚아야 해결되는 것이다. 일본에서 가족 다 같이 즐겨 보는 사극 중에 '추우신구라'라는 것이 있다. 에도 시대(江戶時代: 1603~1868)에 실제 있었던 사건으로서 주군을 모욕하고 죽게 만든 자를 47명의 신하가 2년 후에 그 집에 쳐들어가 죽이는 이야기다.(그 당시 자기 부모를 죽인 원수를 죽이는 것은 효성으로 해석하고 '아다우치(원을 갚다)'라 하여 미덕으로 여기며 '살인'죄로 처벌하지 않았다는 기록도 있다)

하지만 '한'(가슴에 쌓인 슬픔이나 원한, 후회)은 어디에 풀어야 하는지 푸는 상대가 없는 것이다. 필히 있다면 내 자신이다. 설명하기가 대단히 어렵지만, 초겨울에 담근 김치가 시간이 지나며 단맛 신맛 쓴맛 짠맛 매운맛이 배추 몸에 배어 숙성되고 맛이 들어가는 것처럼 슬픔과 기쁨 괴로움과 즐거움 모두가 어우러져서 아름다운 한국문화를 낳았을 것이 아닌가. 내 짧은 사고와 추측으로 말해 본다.

교과서 문제나 독도 문제, 주군 위안부 문제로 한국 사람이 시위하거나 화내고 있는 모습을 텔레비전에서 보면 당연히 일본인들은 "무섭다"라고 느낄 것이다. '복수하지 않을까?' 일본식으로 생각해서 그럴 수가 있다. 하지만 나는 언니가 텔레비전을 보고 한국여행을 취소할까 걱정할 때도 '괜찮다니까'라고 했다. 결국, 언니는 취소해버렸지만.

교과서 문제가 텔레비전에 나왔을 때 이웃 아주머니가 열 받아 일본인인 내게 일본이 나쁘다고 막 화내셨다. 한참 욕하다가 "그래도 게이꼬는 착해" 한마디 하고 또 한참 일본이 나쁘다고 막 화내신다. 그리고 또 "그래도 게이꼬는 착해," 한마디 하고 또 화내고. 그 에너지가 대단하다.

'한.' 지금 한반도에 소용돌이처럼 조용히 쌓이는 에너지. 만민을 웃고 울게 하지 않을까. 이것은 내 느낌만은 아닐 것이다.

2018년 4월

# 어느 겨울 이야기
## -가슴에 묻은 네 아이-

"안 보는 게 나아" 조용히, 그러나 강한 표정으로 이모님은 말했다. 장례식장에서 아이들의 마지막 모습을 보겠다고 떼를 쓰는 내 앞을 막고 서서. 보면 영원히 그 모습이 가슴에 박혀 네가 살아가지 못할 거라고. 울고 앉은 나를 뻔한 거짓말로 누가 위로한다. "애기들은 의외로 깨끗했대. 의외로." 누가 사준 우황청심원을 하루에 3개나 마시고 나는 쓰러지지 않으려고 애를 썼다. 이웃 아주머니가 나를 안아주며 펑펑 울었다. "이제 너는 어떻게 할 거야 어떻게 할 거야."

그 동네는 화재가 많았다. 철거지대. 머리 바로 위를 비행기가 지나가는 곳. 그곳이 네 아이와 우리 부부가 살았던 곳이었다. 2002년 11월 24일 밤, 네 아이를 목욕시키고 나니까 나는 몹시 지쳐있었다. 잠자리에 들어가, "주현이가 태어날 때 장미가 축하합니다. 말했어요. 영현이가 태어날 때 찬바람이 와서 축하합니다. 말했어요. 동현이가 태어날 땐 매화가 피고… 그런 이야기를 하면서 아이들을 재웠다. 동현이는 어린이집에서 배운 주전자 노래와 율동을 텔레비전 앞에서 했다. 얼마나 귀여웠던지. "나는 나는 뚱뚱한 주전자 손잡이 있고 주둥이 있죠. 보글보글 물이 끓으면 쭉 기울여 따라주세요." 그 모습이 지금도 눈에 선명하다.

아이들이 다 자고 남편은 1시 반 지나서 일어나 혼자서 신문 배달을 하고 나는 6시에 정성 들이는 촛불을 켰다. 그런데 그날따라 성냥불을 끄지 않고 쓰레기통에 버렸다. '뭐 하는 거야 확인해야지.' 그렇게 생각은 했는데 그다음에 나는 스무 부 정도의 신문을 가지고 밖으로 나갔었다. 남편과 고생을 함께하고 싶은 마음에 나는 얼마 전부터 우리 동네만 신문 배달을 하고 있었다. 길 건너 아는 할머니 집과 또 잘 지내는 할아버지의 집에 신문을 배달하고 우리 집 쪽을 봤다. 웬 까만 연기가…. 쿵, 심장이 내려앉았다. 오른쪽에 지나가는 사람의 모습이 있었는데 그때 신고해달라고 했었다면 아이들은 살았을까. 집에 도착할 땐 이웃 사람이 탄 냄새를 맡고 나와 계셨다. 문에 불이 붙었다. 뛰어 들어가려고 하는 나를 깡마른 할아버지가 가로막아 붙잡고 외쳤다. "지금 가면 너도 죽어!" 나는 할아버지를 뿌리치고 집 뒤쪽으로 돌았다. 그 순간 펑! 소리가 나고 불길이 집 전체를 덮었다. 방법이 없었다. 소방관이 나를 움직이지 못하게 붙

잡았다. 나는 소방관에게 불 속으로 같이 들어가게 해 달라고 계속 졸랐다.

　방송사에서 나온 사람이 내게 뭐가 물었던 것 같다. 나는 촛불, 촛불이라고 열병 난 사람처럼 외치고 있었다. 이웃 사람이 "그 말 하지 마! 그 말 하면 안 돼!" 걱정스럽게 하는 말이 들린다. 남편이 와서 내게 "드디어 네가 아이들을 죽였구나."라고 했다. 그리고 그다음 순간 따뜻한 손으로 나의 손을 잡았다. "좋은 생각만 하자. 아이들은 좋은 곳에 갔지 않아." 시동생이 달려와 형에게 몸을 던지며 울었다. 그리고 내게 친정어머니께 전화하라고 휴대폰을 주었다. 전화는 올케가 먼저 받았고 "딴 생각하면 안 돼!"라고 몇 번 강하게 말했다. 어머니는 "네 보물이 없어져 버렸구나."라고 하셨다. 어떤 아주머니가 검은 숄(여성용 어깨걸이)을 내 어깨에 돌려 감아주셨다.

　어차피 탔으니까 화장하면 어떠냐고 누가 그러는데 나는 그것이 마음에 허락이 안 됐다. 그냥 그대로 땅에 묻고 싶다고 했다. 수의를 입히는 데 얼마나 고생하셨을까. 준비되어 장례식이 끝나 사진을 가지고 학교에 들른 후 경찰이 인도하는 가운데 우리는 산소로 향했다. 작은 상자가 네 개. 행렬은 처음은 침묵 속에서, 가다가 산길을 갈 때 누구라고 할 것 없이 어떤 찬송가를 불렀다. 산소에 아이들을 묻고 만세 소리로 모든 의식은 끝났다.

삼 일째, 다시 산소에 찾아왔다. 산소는 풀도 없고 갈색 흙더미만 올려져 있었다. 느껴 본 적이 없는 큰 아픔이 나의 마음과 몸을 찔러 뚫었다. 아이를 잃은 부모의 마음보다 비통한 것이 없구나. 무너지는 내 마음 옆에서 또 다른 내가 말했다. 동사무소에 가서 아이들 사망신고를 내 손으로 직접 작성할 때, 어린이집에서 셋째 동현이와 막내 범현이가 사용한 낮잠용의 작은 이불을 선생님에게서 돌려받을 때, 우리 부부의 마음에 또다시 검붉은 피눈물이 흘러내렸다.

그때부터 벌써 17년이 되었다. 아이를 가지려고 했지만 두 번 유산한 뒤는 더 생기지 않았다. 우리 부부는 그동안 그리 잘 살지 못했다. 부모님께 또 하늘에서 보고 있는 아이들에게 걱정을 끼치는 날들도 많았다. 그러나 따라 죽지 않았고, 헤어지지 않고 같이 있다는 것만으로도 나는 내 남편 그리고 나 자신에게 감사하고 칭찬하고 싶다. 언젠가 저세상에서 아이들을 만날 때 지금 생활이 악몽을 꾼 것처럼 웃으며 이야기할 수 있는 날이 오겠지. 조금만 기다려줘, 금방 갈게. 나는 네 아이의 사진을 보고 그렇게 이야기한다. 가슴에 묻은 네 아이의 모습은 오늘도 예쁘다.

2019년 2월

# 아픔과 사귀는 법
## 1

　아이는 다치면 아프다고 운다. 슬프면 슬프다고 울고. 그렇게 살다가 어른이 되었다. 살아가면서 사고도 당하고 병도 걸리고 그러다가 육십 세가 되니까 늘 어딘가가 아프다. 하지만 아픈 것이 반복되니까 인내심이 생기는지 처음 아플 때보다 덜 아픈 것 같다.

　마음의 아픔도 그런 것인가. 나는 십칠 년 전에 견디지 못할 만한 아픔을 겪었다. 네 아이의 죽음. 아마도 아이를 먼저 보낸 아픔보다 더 아픈 것이 또 있을까. 처음은 행복하게 보이는 엄마와 아이가 지나가도 울고, 생각날 때마다 울었다. 아이들과 같은 또래 친구들이 결혼할 때 얼마나 나는 슬프고, 그때 외로움과 슬픔을 어떻게 견딜 수 있을까, 멍하니 생각했던 적도 있었으니까.

　일본어 학생 중 하나가 쌍둥이 손자가 태어났다고 기뻐하면서 "선생님은 그 마음을 절대 알 수 없어요."라고 하셨다. 나는 보통 사람들에게 그냥 아이가 없다고 말했었으니까. 내가 일부러 아이를 낳지 않았다고 생각하셨을 수도 있다. 그렇게 그분을 이해하려 했지만, 그 말이 너무 아팠다. 무심코 하는 사람들과 대화 속에 나는 쓰리고 아플 때가 적지 않았다. 그럴 때마다 혼자 눈물을 삼키고 혼자 아픔을 품고 살아왔다. 그러면서 습득했다. 아픔과 사귀는 법을.

어느 겨울에, 나무를 보고 있었다. 바람이 쌩쌩 불고. 벌거벗은 나무를 보며 이런 생각이 떠올랐다.-겨울에 두 나무가 있었다. 둘은 아주 똑같이 생겼었다. 하나는 죽은 나무, 하나는 살아있는 나무다. 찬 바람이 강하게 불어서 가지가 부러졌다. 죽은 나무는 아프지 않았다. 하지만 살아있는 나무는 시리고 아팠다. 봄이 되어 죽은 나무는 그대로였다. 살아있는 나무는 아주 작은 싹들이 가지마다 나와, 그 싹은 점점 커져갔다. 나뭇잎은 짙은 초록이 되어 꽃이 피고 열매를 맺어, 새가 놀러 오고 벌레가 먹고 갔다. 사람들이 나무 아래서 쉬었다 가고 열매를 따 먹었다. 나는 아이들이 낙서하는 것처럼 두 나무의 그림을 그려봤다. 그리면서 내 마음에 힘이 솟아나는 것을 느꼈다. 아픈 것은 살아있기 때문인 것이다. 그때부터 아플 때마다 "나는 살아있다. 감사합니다!" 마음속에서 말했다. '아프다는 것은 살아있기 때문이야. 나는 죽은 나무가 아니라 살아있는 나무야. 언젠가 봄이 되면 싹이 나고 꽃이 피고 열매를 맺을 것이니.'

2019년 5월

# 아픔과 사귀는 법
## 2
### -주민센터 문학성내에 오게 됨-

　몹시 마음이 아플 때 나의 유일한 친구는 글을 쓰는 것이었다. 낙서처럼 때마다 써온 글들을 언젠가 시집으로 엮고 싶다는 생각을 하기 시작했다. 시간이 또 흘렀다. 일본어 수업을 하려고 주민센터에 가니까 낯선 사람이 몇 명 교실에 앉아있다. 교실 앞 현수막에 '문예 창작'이라고 쓰여 있다. 나는 그날 바로 학생 등록을 했다.

　교수님과 문우님들과 만남. 처음은 그전에 쓴 나의 글을 가지고 오기도 하고 생각 난 대로 써 오기도 했다. 한국말을 정식으로 배운 적이 없는 나는 한 페이지에 오십 개 이상은 틀렸었고 띄어쓰기도 제대로 알지 못했다. 선생님도 문우님들도 처음은 읽는 것 자체가 고통스러웠을 것이다. 어떤 학생 한 분이 내 틀린 것을 정성스럽게 하나하나 고쳐주셨다. 나는 큰 감동을 받았다. 한동안 선생님께 보여드리기 전에 그 문우님에게 보내고 기본 단어와 문장을 수정하고 다시 제출하고 지도를 받았다. 얼마나 고마웠던지 나는 영원히 그 은혜를 잊지 못할 것이다.

  글을 쓰면서 얼마나 말이 소중한지 알게 되고, 어떻게 표현해야 하는지 배우게 되고 생각이 깊은 문우님의 작품을 읽으면서 또 새로운 무한한 세계를 접하게 되는 기쁨. 나는 일주일에 한 번의 만남이 그렇게 귀하고 소중하고 감동적이었다.

  그렇게 함께 공부한 지 이 년. 책을 내고 싶다는 나의 꿈은 이제 가시거리에 나타나기 시작했다. 교수님은 말씀하셨다. "나의 글이 먼 훗날에 누군가를 살릴 수 있을지도 몰라." 그 말이 나에게 희망이 되었다. 비록, 나는 아프고 괴로웠지만, 아름다운 글을 남기고 싶다. 먼 훗날에 나의 책은 누군가의 가슴에 안겨 그 사람의 마음속에서 살아나 숨을 쉬게 될 것이다. 그 한 사람을 만났다면 그것으로 나는 족하지 않은가.

2019년 5월

## 아픔과 사귀는 법
### 3

"나는 더 이상 자신이 없다. 우리를 아무도 모르는 곳에 가자." 그것은 2007년 3월 30일. 나는 두 번 다시 밟지 못하리라 생각했던 한국에 돌아왔다. 비행기 안에서 '전처럼 산다면 이 비행기가 떨어져서 죽는 것이 낫다.' '아니 부모님께 나와 같은 아픔을 겪게 할 수는 없어.' 1시간 30분이 그 두 가지 생각 속에서 지나갔다. 인천공항에 도착했다.

남편은 말이 없었다. 공항에서 집에 가는 길에 계속 음악을 들려주었다. '초우' 그리고 '동숙의 노래' '누가 이 사람을 모르시나요?' 이 세 곡이었다. 난 그때 슬픈 곡조만을 느꼈고 그 뜻 깊이까지는 아직 몰랐던 것 같다. 단 '너무나 사랑했기에'라는 가사와 토하는 듯한 곡조가 내 마음에 스며들어, 오래도록 울리고 있었다.

"너는 죽어야 내 마음을 안다." 남편이 가끔 말한다. 남편은 아이들을 너무나 사랑했다. 그러기에 나를 용서 못 했던 것이다. 사랑하지 않았다면 미워하지도 않았을 것이다. 제정신을 잃고 나를 때릴 때, "너는 내 손에 죽어도 할 수 없어!"라고 했었다. "너를 보지 않는 것이 낫다. 이혼하자!" "너하고 못 살겠다!"라는 말도 수없이 들었다. 내가 깜빡하고 작은 실수를 하면 병적으로 화를 내고 용서가 안 된 모습이었다. 그만 화내라고 하면 더 화를 내, 종종 폭력으로 이어졌다. 그의 가슴 속에 아내의 실수로 아이들이 죽었다는 기억이 남아, 사무치고 있었으리라.

　맞아도 같이 있었던 이유는 다시 아이를 낳고 싶었기 때문이었다. 아이만 생기면…. 그런 희망을 버리지 않고 있었다. 남편을 떠났던 것은 그것마저 포기할 만큼 한계였기 때문이었다.

　5년째. 정신신경과 의사 말대로 딱 5년째였다. "아이를 잃은 부부는 그 뒤로 아이가 안 생기면 5년 이내에 백 퍼센트 헤어집니다. 반드시 전문가의 상담을 받아야 합니다." 그때 여의사의 말이 옳았다고 생각했다. 남편이 내게 짐을 싸게 하고 일본에 가라고 효자손으로 때렸던 밤에, 난 계속 이렇게 살기를 아이들도 원하지 않으리라 생각했다. 맞으면서 결심했다. '그래 포기하자 아이를 낳는 것, 그것만 포기하면 같이 있을 이유가 없지.' 그 밤에 큰아이가 꿈속에 나타났다. 난 큰아이를 안고 "주현아! 착하다. 주현아, 착하다." 두 번 말했다. 선명한 꿈이었다.

비행기 티켓을 산 사람은 남편이었다. 공항에서 마지막 탑승을 기다리는 시간에 남편은 심각해지고 태도가 바뀌어 같이 다시 살아보겠냐고 물었다. 나는 만약에 당신이 심리상담 같은 것을 받아 준다면 같이 살지만 안 그러면 가겠다고 했다. 남편은 뒤돌아서, 다시 나를 보지 않았다. '그래, 지상에서는 안 되는 거야. 죽고 나서 저세상에서 아이들과 남편도 그때 만나면 돼.' 그런 생각이었다. '그때까지 아이들에게 부끄럽지 않게 살아야지.' '그래도 나는 예수님보다 테레사 수녀님보다 낫다. 결혼해 봤고 아이도 낳아 봤지 않아.' 그렇게 자신을 위로하면서.

친정 부모님을 뵐 면목도 없고 내가 간 곳은 작은 언니 집이었다. 언니에게 사정을 이야기하고 며칠을 머물렀다. 암담하고 무거운 마음이었다. 하지만 원룸 아파트를 빌리고 일을 찾기 시작했다. 친정 부모님이 보증금을 내주시고, 언니들이 조금씩 도와주었다. 가까운 여성상담소에서 상담을 받으면서 위로와 충고를 받을 수도 있었다. 병원 간호 도움으로 일하게 되어 나는 개미처럼, 팽이가 도는 것처럼 바쁘게 생활을 했다.

한국과의 연결고리는 단 하나. 시동생의 부인이었다. 아직 같이 살지는 않고 교회에서 봉사했던 그녀와 쉬는 날에 이메일을 주고받았다. 일본에 가서 2개월째인 어느 날 동서가 한국의 목사님에게 전화하라고 해서 전화를 했더니 남편에게 빨리 전화를 하라는 것이다. 난 목사님 말대로 전화해봤다. 남편의 말이 "다 내가 잘못했다 돌아와라."라는 것이었다. 하지만 며칠 후엔 또 밤에 전화가 와서 화를 냈다. 나의 일기장을 봤던 모양이다. '안 돼, 지금 가면 또 마찬가지야.' 나는 한국에 가지 않겠다고 했다.

그 후 남편은 전화가 올 때마다 태도가 달랐다. 친정어머니도 걱정하셔서 가지 말라고 하셨다. 그런데 시간이 지날수록 남편은 술을 마시고 전화하는 횟수가 많아지고 또 그때는 "사랑한다."라고 했다. 나는 그대로 놔두면 남편은 폐인이 될 거라는 생각이 들었다. 하지만 전처럼 살고 싶지는 않다. 나는 하나만 약속할 수 있냐고 물었다. 폭력만은 안 된다고. 그렇지 하지 않겠다고 약속해주면 다시 돌아가겠다고. 어머니와 언니는 아직 반대했지만, 아버지는 축복해주고 돌아가라고 하셨다.

난 간호사 밑에서 환자를 돌봐드리는 일을 했다. 그분들은 아프지 않을 때는 사회에서 지위도 있고 훌륭한 분들이었다. 그런데 그분들이 불쾌할 때는 비정상적인 행동을 하셨다. 링거 주사를 뜯어버리거나 불편한 몸으로 침대에서 밖으로 나가려고 하시거나 당신의 대변을 만지는 일도…. 그래, 남편을 환자라고 생각하자. 최대 불쾌하지 않도록 돌봐드리는 것. 내가 할 수 있는 최선을 다하는 거야.

상냥하게 말하거나 사랑한다고 표현하는 것이 서투른 남편은 계속 무뚝뚝했고 전처럼 화를 내는 일도 있었다. 인내. 이사한 집 뒤에 어린이집이 있어서 순간 (아이들이 생각이나 마음이 아플까 봐) 망설였지만, 그냥 계약하고 바로 다음 날 이사했다. 아파트를 팔고 시동생의 빚을 모두 갚아주었다. 미리 일본에서 남편에게 편지로 말했던 내용이다. 이사 온 집은 반지하 월세 집이었다. 아이들 화재 때 받은 기부금은 모두 없어지고 몇 가지 가구와 보증금 이천만 원만이 우리의 재산 전부가 되었다. 홀가분한 마음이었다.

처음 우리가 만날 때와 같다. 그때와 달라진 것은 가진 것이란, 있다가 없어진 아이들의 빈자리와 둘이서 주고받은 상처. 그것이 전부였다.

2020년 6월

# 내 아픈 다리

사는데 아프지 않으면 좋고 되도록 고생은 없는 것이 좋다. 하지만 살다 보니 크고 작은 병이 날 때도 있고 교통사고를 비롯해 각가지 이유로 다치기도 한다. 그러다가 육십 정도가 되면 한 가지씩 지병 같은 것이 있기 마련이다.

서른 살 때였다. 점심을 빵으로 때우려고 무심코 신호를 잘 안 보고 길을 건넜다가 그만 차에 차이고 말았다. 차 속도는 40킬로쯤? 빠르지 않았는데, 나의 부주의였다. "야, 이 아이는…." 중년 아저씨가 차에서 내려오셨다. 머리와 다리가 아팠다. 이마 위로 피가 흘러내렸지만, 마음속에 '살아있다, 괜찮다' 생각했다. 누군가 신속히 머리에 수건을 감아주었고, 난 119로 병원에 실려 갔다. 즉시 머리는 여러 바늘을 꿰맸다. 그리고 다리의 오른쪽 무릎뼈가 대나무가 세로로 갈라지는 것처럼 골절이 됐다고 했다. '골절'이라는 말에 충격을 받은 내 마음을 아는 것처럼 젊은 의사가 "괜찮아요. 나도 대학생 때 골절해서 2년

늦게 학업을 마쳤는데 지금은 똑같아요."라고 하시고 예전처럼 뛸 수도 있게 된다고 안심시켜주셨다.

그곳에 입원하고 있는 한 달 동안에 잊지 못할 두 번의 만남이 있었다. 정확히 말하면 사고 직전에 하나, 나머지는 입원 중의 일이다. 어떤 집을 방문하는 일이 있었는데 가니까 소아마비 아이가 힘겹게 어머니는 지금 외출하고 계시니까 좀 있다가 오라고 말을 한 것이었다. 나는 이 아이의 어머니는 얼마나 마음이 아플까? 얼마나 마음고생이 크실까 생각했다. 잠시 후 만나서 용건을 전해면서 "아드님을 돌봐주시느라 고생 많으시겠어요."라고 위로하는 뜻으로 말했더니 "아니에요. 나는 이 아이 때문에 너무 행복해요. 자랑스러운 아이예요."라고 하셨다. "컴퓨터도 잘하고 돈도 벌고 자기는 괜찮으니까 더 어려운 사람에게 번 돈을 보태주라고 해요. 나는 이 아이가 '왜 자기를 이렇게 낳았냐. 왜 자기를 낳았냐.' 그 말을 할까 계속 두려웠는데 그런 말을 한 번도 한 적이 없고 늘 고맙다고 엄마를 위로해요."

나는 이 소아마비 아이가 비록 몸은 불편하지만, 마음은 건전하다는 생각을 했다. 몸은 멀쩡하지만 나는 영혼이 소아마비가 아니냐. 건강한 몸으로 태어나 아무 불편함이 없이 자라면서도 불평불만을 얼마나 했고 부모님의 말씀을 안 듣고 반발도 하고 퇴폐적인 생활을 하고 그랬던 나를 뒤돌아보게 되었다. 입 밖으로는 내뱉지 않았지만 "나를 왜 낳았어?" 마음속에서 난 얼마나 외쳤는가.

두 번째 만남, 그것은 같은 병실에서 누워 계셨던 할머니의 남편분이 가지고 오신 반찬이었다. 허리가 아프신 할머니를 위해 매일같이 오신 그 남편분의 직업은 토비(비계공, 건설을 높은 곳에서 하는 일)였고 아주 홀쭉했다. 어느 날 아저씨가 정성껏 만드신 반찬을 내게도 주셨다. '국화된장버무리'인데, 제일 아름답게 꽃이 필 때 그것을 따서 만드신다고 하셨다. 된장에 버무린 노란 국화꽃을 입에 넣은 순간, 갑자기 눈물이 흘러내렸다. "이것을 먹는 나는 어떻게 살고 있는가?" 그리 묻게 되었으니까. 아니 정확히 말하면 그 국화가 "나를 먹은 너는 어떻게 살고 있니?" 그리 물었다는 것이 더 맞는 표현인 것 같다. 눈물이 섞인 된장과 국화의 향이 지금도 되살아날 듯하다.

한 달 후 나는 무릎으로 유명한 의사가 있는 큰 병원에 옮겨졌고 더 한 달 후에는 퇴원하고 전화를 받는 아르바이트를 하면서 더 7개월을 통원 물리치료를 받으면서 지냈다. 일상생활을 할 때까지 9개월 걸린 셈이다. 그 후 나는 사고 전과 똑같이 불편함 없이 지냈다.

다시 다리가 아프기 시작한 것은 5년 전부터이다. 퇴행성관절염이란다. 서른 살 때 다친 것이 있으니 다른 사람보다 좀 일찍 병이 찾아온 것이다. 30년 전에 있었던 일을 생각하면서 이렇게 그때 만남을 돌아보게 되니 내 아픈 다리가 사랑스럽고 고맙게 느껴진다. 소중한 내 다리. 소중한 추억과 함께 내 남은 삶을 함께 걸을 것이다.

2018년 5월

# 빛 밝은
# 동산에서

　오후에 수업이 갑자기 취소되어서 시간이 생겨 아이들 산소에 갔다. 가평군 설악면 위곡3리. 그곳의 이름은 빛 밝은 동산. 한 신문기자가 자기 아들이 백혈병으로 아기 때 죽고, 묻을 장소를 찾다가 구하게 된 땅이다. 그분이 같은 교회 사람이고 아기들을 묻을 자리를 우리에게 주셨다. 또 이 땅은 노인복지를 위해 봉사하시는 목사가 정성 들였던 땅이라고 한다. 계단식으로 4단 정도로 되어있고 아기들 묘는 세 번째 끝이다. 흙이 잔디에 안 맞는지, 다른 데는 거의 잡초 동산이고 우리 아기들 산소와 또 한 군데만 잔디가 살아있었다.

　우리 아이들이 여기에 온 뒤로 열 몇 명 산소 식구가 많아졌는데 명절 이외는 거의 오지 않는 듯하다. 여기는 유난히 먼저 간 아이들이 많이 묻혀 있다. 부모가 다른 아이들이 있기도 하고, 좀처럼 오지 못한 모양이다. 나도 그 뒤 아이가 생겼으면 사는데 바빠 그랬을지도 모른다. 한국 묘는 지키는 데 보통 정성으로는 잘 안 된다. 나도 아이들 산소는 가까워서 이렇게 자주 오지만 시부모님 산소는 전혀 가지 못하고 있으니까 마음에 늘 걸린다.

돌보지 못하면 차라리 수목장이나 납골당이 좋을 것이다. 나는 후손도 없으니까 그냥 뼛가루를 아기들 산소에 뿌려달라고 할까. 시동생에게도 아이가 없으니까 우리가 죽으면 그 뒤 아기들 산소도 돌보는 사람이 없어지는데 어쩌지? 그것까지 내가 걱정 안 해도 되지. 그저 살아있을 때 내가 할 수 있는 것을 할 뿐이야.

산소 근처에 가는 버스는 하루에 네 번 정도밖에 없어서 택시 아저씨도 몇 분은 알고 지내게 되었다. 그런데 오늘 탄 택시 아저씨는 처음이었다. 나를 다른 분과 오해하고 아이들 잘 있어요? 라고 물으시니, 아이가 산소에 있다고 이야기하고 "한국에서는 아이가 먼저 가면 묘를 안 쓰죠?"라고 물어봤다. 그렇다고 대답하고 옛 기억 속 이야기를 해주셨다. 젊은 남녀가 연애하고 부모님께서 허락 안 하시자 여자는 목을 매어 죽고 남자는 약을 먹고 죽었다고. 묘는 안 쓰고 아무렇게나 묻었다고. 특히 여자는 귀신이 된다고 구멍을 다 막고 엎어서 묻었다고 한다. "종종 그런 일이 있었어요." '전설의 고향'의 한 장면이 머리를 스치면서 움찔했다. 이런 이야기를 들은 것도 뜻이 있겠지, 생각하고 부디 슬픈 영혼이 기도원이나 절에 찾아가 조금이라도 편히 쉬시면 좋겠다고 기도했다.

풀은 보기에는 그다지 많지 않은 듯해도 뽑으니까 상당히 많다. 몇 년 되었을까. 3월 말경부터 산소를 찾아가 쇠뜨기 어린 순이 머리를 내밀 때부터 기를 써서 풀 뽑기를 시작한 것이. 아무리 뽑아도 잔디의 뿌리와 얽히고, 제일 골치가 아픈 것이 쇠뜨기다. 그리고 제비꽃도 만만찮다. 최선을 다해 풀을 뽑고 도라지의 시든 꽃을 제거하고 예쁘게 하니까 기분이 좋다. 과자와 음료수를 올리고 기도하고 다시 택시를 부르고 집으로 간다.

나에게 아이들 산소에 가는 시간은 이제 위로의 시간이고 행복한 시간이다. 올 때마다 변하는 나무와 식물, 풍경도 구경하면서. 깨끗한 공기도 마시고 자연과 접하고 대화하는 시간도 된다. 지인이나 택시 아저씨가 "자주 오지 마세요." 마음 아픈 듯 말씀하시지만. 아기들 산소를 만들어서 잘했다고 난 생각한다.

2019년 8월

## 잡초 뽑기

　3월 말부터 일주일에 한 번, 못 가도 이 주에 한번 아이들 산소에 가서 풀 뽑기를 했다. 잡초만 잘되는 토양인지라, 다른 산소는 모두 잡초동산이지만 우리 아이들 산소만은 잔디가 그래도 많이 살았다. 오늘도 그냥 쉴까 하다가도 발이 그쪽으로 향하고 있었다. 그리고 가면, 항상 그렇지만 새로 올라온 잡초가 너무 많아서 오기 잘했다고 느낀다.

　토요일에 비가 온 뒤에 월요일이라 흙이 부드러워서 풀 뽑기에 딱 좋은 조건이다. 제일 굳센 쇠뜨기 싹을 열심히 뽑고 제비꽃도 뽑는데 작은 싹이라도 뿌리가 죽~밑으로 벋어 있어서 땅 위에 길이보다 훨씬 길어, 깜짝 놀라기도 한다. 어머니가 채소씨를 뿌려서 싹이 난 곳에 물을 주면서, "싹이 난 뒤 자라기가 꽤나 오래 걸려." 말씀하신 것이 생각난다. 눈에는 성장하는 것 같이 안 보인다는 것. 그때 싹들이 말없이 뿌리를 내리고 있는 것이다. –엄마 말이 맞구나– 난 즐겁게 풀을 뽑는다. 풀에게 배우면서.

산소 앞에 분홍 꽃, 흰 꽃, 보라색 꽃이 피고 있다. 차례로 작약도 피고 나리꽃도 피고 도라지도 필 것이다. 천리향도 국화도 월동하고 새싹이 났다. 작년에 어머니가 아이들 산소에 가고 싶다고 하셨다. 어머니는 여든일곱. 그래도 한 번은 모시고 싶다. 올해는 코로나로 못 오셨지만 내년이라도. 그때 보여드리고 싶은 마음에 난 더욱더 열심히 가꾸고 예쁜 꽃들도 심었다.

그동안에 풀 뽑기 실력도 늘어났으니 또 일본에 가면 어머니 밭의 풀도 뽑아드려야지. 생각하면서 산에서 내려온다. 내려오는 길에 공조팝나무와 목단꽃, 양귀비, 붓꽃, 들에는 아기똥풀이 한창이다. 하루에 네 번밖에 없는 버스 시간에 맞춰서 가고 오고 잠실에서 버스를 타고 설악에서 다시 잠실로…. 아침 9시에 나가서 집에 오면 5시 반. 버스 안에서 갑자기 캄캄해지고 벼락치고 비가 쏟아졌다. '잔디는 잘되겠구나. 농부에게는 참 좋은 비네.' 부인을 잃고 빗속에서 엉엉 울었다는 어떤 분이 생각이 났다.

2020년 5월

# 며느리밥풀꽃

"예쁜 꽃에 어째서 이런 이름을 지었을까?" 한국에 와서 신기했던 것이 여러 가지가 있는데 그중 하나가 꽃 이름이었다. 초등학교 때 여름휴가 숙제로 자유연구가 있었는데, 나는 5년간 계속 식물채집을 했다. 그만큼 들꽃들과 친하게 지내서 꽃 이름에 대해 관심이 많았다. 남편 따라 산악회에 가입하고 처음 산행하는 날 산악대장님이 내게 소나무와 잣나무의 차이를 설명해 주셨다. "멀리서 보면 비슷하지만 잎사귀가 잣나무는 다섯, 소나무는 둘로 갈라져 있어." 재미있어 열심히 들으니 대장님은 '며느리밥풀꽃'이란 꽃이 있는데…라고 어떤 꽃에 대한 전설을 이야기해주셨다.

옛날에 어느 마을에 어떤 부부가 시어머니를 모시고 살고 있었다. 먹을 것이 없어 남편은 다른 마을에 일하러 가자 시어머니는 더 심하게 시집살이를 시켰다고 한다. 며칠 밥을 먹지도 못했다가 모처럼 흰밥을 구하게 되고 며느리는 밥을 짓게 되었다.

뜸 들었나 보려고 했을 때 밥알 두 개를 그만 땅에 떨어뜨려 버렸다. 버리기도 아깝고 시어머니께 드릴 수도 없고 며느리는 두 밥알을 자기 입에 넣어버렸다. 그것을 보고 있었던 시어머니는 자기가 먼저 먹었다고 못된 며느리라고 때리고 동네방네 소문을 내고, 며느리는 화병이 나서 그만 죽어버렸다. 남편은 슬퍼하며 아내를 뒷산에 묻어주었다. 그랬더니 그 묏자리에 어떤 꽃이 피어났다. 마치 입을 벌리고 혀에 밥알 두 개를 얹은 듯한 모양의 꽃이 핀 것이다. 그래서 그 꽃을 '며느리 밥풀꽃'이라고 이름을 지었다.[6]

버스를 내려 몇 분이나 걸었을까 나는 그날 그때 바로 그 전설의 주인공을 만나게 되었다. 산 길가에 그 꽃이 피어 있는 것이었다.

꽃은 불그스름한 보랏빛이고 키는 제비꽃보다 크고 대장님의 이야기를 듣고 봐서 그러는지 정말 혀에 밥알 두 개를 놓고 "나 두 개밖에 안 먹었어요!"라고 하는 듯했다. 나는 그 꽃을 보고 울었다. 얼마나 배가 고팠으면 이것이 밥알로 보였을까. 얼마나 시집살이가 힘들었으면 이런 전설이 만들어졌을까. 꽃 이름 속

---

[6] 전설은 실은 이렇게 되고 있다. "뜸 들었나 보려 할 때 너무 배가 고파서 주걱에 붙은 밥알 두 개를 먹었다. 그것을 본 시어머니는 화내고 때리고 그 자리에서 며느리는 죽었다."

에 숨은 사연…. 잠시 역사를 봤다는 생각이 들었다. 나는 지금도 그 꽃을 잊을 수 없다.

2017년 12월

# 개망초

 말랐던 땅에 봄비가 내린다. 연녹색 작은 싹들이 하나, 둘, 얼굴을 내민다. 제비꽃, 민들레, 별꽃, 개불알꽃이 다 피고 나면, 둥글고 넓은 황록색 이파리들이 땅에서 솟아난다.
 개망초, 국화과 식물로 학명은 Erigeron annus.(엘리지론 아너스). 자라면 1m 정도가 된다. 한 개체에서 무려 47000개 이상의 종자가 나오고 종자의 수명도 35년, 놀라운 생명력을 갖고 있다. 원산지는 북아메리카. 일본 이름은 개망초(姬女菀)라고 한다. 여자아이라면 어린 시절에 소꿉놀이할 때, 나뭇잎 접시에다 계란 프라이로 한 번씩은 사용해보기도 했을 것이다. 계란꽃이라면서.
 산악회에서 어떤 아주머니가 그 싹들을 많이 따서 봉지에 넣는 것을 보았다. 어떻게 하실 거냐고 물으니까 된장찌개에 넣어도 되고 데쳐서 버무려도 된다고 한다. 그 후 몇 번 그렇게 해봤다.

 나는 야생화를 좋아해서 꽃들의 한국 이름을 알고 싶어서 식물도감을 샀다. 그러다가 '망초'라는 꽃 이름이 있었는데 히메죠온(姬女菀)과 비슷하게 생겼었다. 그곳에 이렇게 쓰여 있었다. 외국 종이며 한일합방이 이루어진 1910년에 유난히 많이 피어, 나라가 망했다고 '망초(亡草)'라 부르게 되었다고. 그럼 '개망초'는 개망신이라는 뜻인가? 바로 그 생각이 떠올랐다. 조용한 충격과 쓸쓸함이 내 마음에 들어왔다. 요즘은 또다시 어려워진 한, 일 관계를 생각하게 된다. 해방 후 양심이 있는 일본인과 아픔을 감수하고 용서하고 잘 지내려고 하는 한국인들의 노력으로 점점 좋아지고 있다고 믿고 싶은데.

이런 내 생각과 상관없이 봄비를 마시고 오늘은 어제보다 더 신나게 여기저기 자라고 나온 개망초 이파리. 내일이나 모래 좀 따서 먹어볼까나. 꽃 이름도 亡草는 望草로 개망초는 開望草로 개명하는 날을 희망해 본다. 망초와 개망초는 비슷하게 생겼는데 개망초가 좀 더 꽃이 크고 안쪽 부분이 더 짙은 노란색을 띠고 있다.

2019년 4월 11일

# 개불알꽃

3월 중순. 매화가 봉오리 지고 쑥이 올라오려고 하는 무렵, 양지에서 무리를 지어 파란 얼굴을 일제히 내미는 꽃이 있다. 그것은 봄까치풀, 또 하나의 이름은 개불알꽃이다. 키가 작고, 꽃도 한 송이에 작은 꽃잎 네 개가 붙어있지만 만지면 바로 떨어져 버린다.

일본어 학생 중 하나가 별꽃을 내게 선물해주었다. 작은 흔한 꽃. 내가 들꽃을 좋아하고 특히 작은 꽃을 좋아하는 것을 어떻게 알았을까. 너무 기뻐하는 것을 보고 주변에 또 예쁜 파란 꽃이 있었는데 '개불알꽃'이라고 한다고 이야기해주었다. '개불알꽃' 깜짝 놀랐다. 안 그래도 한국 꽃 이름이 참 희한하다고 느끼고 있었으니까. 하지만 나는 왜 그런지 금방 알았다. 그것은 어릴 때 기억이 살아났기 때문이다. 씨를 가로로 누르면 탁! 소리가 난다. 그것이 재미있어 장난쳤던 기억이 났다. 그 씨의 모양이 가만히 생각하니까 꼭 개의 고환과 닮았었다.

그런데 다시 새롭게 알게 되었다. 일본어로 이 꽃을 '오오이

누노후구리'이라고 하는데, '오오(큰) 이누(개) 노(의) 후구리(고환)' '큰개불알꽃'. 같은 말인 것이다. '후구리'가 고환이라는 것을 이번에 처음으로 알았다. 일본어로는 외래어처럼 카타카나로 쓰고 느낌이 없어서 이제까지 그 뜻을 모르고 있었던 것이다.

이제야 식물도감을 제대로 본다. "봄까치꽃. 개불알꽃이라고도 하는데 이 이름은 꽃과 어울리지 않을 뿐 아니라 일본어를 그대로 번역한 것이기 때문에 쓰지 않는 것이 좋다."라고 쓰여 있다. '그러면 이 이름은 일제강점기 때 생긴 것일까?' 일본 꽃 이름도 한국에 못지않게 희한한 것이 많을 수 있다는 생각이 들었다.

내 고향 오사카 시골에서는 어릴 때 제일 흔한 꽃이었다. 지구가 따뜻해진 탓인지 여기 서울에도 유난히 이 꽃이 많아진 것 같다. 키가 작아서 눈을 마주치려면 앉은 자세로 몸을 낮추어야 한다. 이따 나가서 몸을 낮추어, 한번 물어봐야겠다. "넌 어떤 이름이 마음에 들어?"라고.

2020년 3월

# 민들레
― 꽃말 행복, 감사하는 마음 ―

민들레. 아무리 꽃에 무관심하다고 하는 사람도 이 꽃을 모른다는 사람은 없을 것이다. 시골이면 냇가, 논길, 길가, 집 마당 어디에나 신나게 피고 있다. 도시에도 보도블록 사이, 가로수 밑, 꼭 좁은데 끼어서 노란 얼굴을 내밀고 있다.

어릴 때, 유치원이나 초등학교에 오고 가는 길에 민들레가 있었다. 민들레는 내게는 좋은 장난감이었다. 꽃대를 짧게 잘라서 불면 피리가 되고, 세로로 두 개로 잘라서 혀로 빨면 동그란 모양 두 개가 됐다. 노란 꽃이 지고 나서, 솜털 같은 동그랗고 흰 민들레를 보면 꼭 후~ 불러서 날리곤 했다.

너무 흔해서, 너무 친해서, 그래서 나는 민들레를 잊고 말았다. 장미나 백합, 야생화 중에도 제비꽃은 늘 찾았지만, 민들레는 찾지도 않았다. 한국에 시집와서 살면서 민들레 김치라고 한 번은 먹은 것 같은데, 써서 입에 안 맞아 채취하고 먹으려는 생각도 하지 않았다.

삼월의 어느 날 양지에 활짝 피는 민들레를 보았다. 날개 달린 씨가 돌과 흙 사이에 껴서 발아하고 뿌리내린 것이다. 그 모습이 명랑하고 사랑스러웠다. 보니까 아래쪽에 여러 개 꽃봉오리도 보인다. 아주 힘찬 모습에 왠지 기를 받은 느낌이 들었다. 어느 날 우리 집에도 작은 민들레가 우편함 아래에 피고 있었다. 늘 지나가는 내 집 민들레도 안 보였다니.

며칠 있다가 그것이 하얀 민들레가 되고 있었다. 그런데, 노란 민들레가 어떻게 흰 씨앗 민들레가 되는지 갑자기 궁금해졌다. '아니 어릴 때부터 계속 봐 왔는데 무엇을 보고 있었는지 알 수가 없네.' 바로 인터넷으로 찾아봤다.

민들레는 다년초 식물이다. 공중을 날아다니다가 착지한 종자(씨앗)는 빠르면 일주일 정도로 발아하고 개화기를 기다린다. 해가 뜨면 꽃 변을 열고 해가 지면 닫는다. 약 한 주 그렇게 선명한 노란 꽃을 피운다. 그리고는 꽃은 시들어버린다. 꽃대도 힘없이 땅에 누워 있다. 하지만 거기서 끝이 아니다. 민들레는 새로운 삶을 준비하고 있는 것이다. 며칠 지나 시든 꽃은 꽃봉오리처럼 다시 부풀기 시작하고 하얀 날개가 보인다. 꽃대는 점점 똑바로 서게 되고 노란 꽃이 필 때보다 훨씬 길어진다. 동시에 동그랗고 폭신폭신한 하얀 민들레 씨앗 꽃이 다시 피는 것이다.

새삼 민들레에게 뭔가 배운 기분이다. 내 나이 만 육십. 민들레로 따지면 시들어버리고 쭈글쭈글한 누워 있는 민들레와 같지 않는가. 끝난 것 같지만 두 번째 꽃을 피우기 위해 준비하고 있는 것이다. 민들레는 쉬지도 않았고 게으름을 피우지도 않았다. 누가 보지 않아도 부지런히 살았던 것이다. 나도 그래야지. 시간이 흐르면서 하얀 씨앗 민들레처럼 꽃대를 높이 세우고 폭신폭신한 날개 꽃을 피워야지요. 그리고 봄바람, 혹은 어린아이의 작은 한숨에 날려 훨훨 날며 낯선 땅의 여행할 꿈을 꾼다. 더 높이. 더 멀리.

2019년 5월

# 엉겅퀴

시골에서 엉겅퀴 뿌리 한 상자가 왔다. 뽑아서 얼마 안 되는지 검은 흙이 묻은 그대로이다. 평소 잘 지내던 분이 담도암에 걸렸다. 엉겅퀴가 좋다고 남편이 순창에 사는 친구에게 부탁했었다. 이것을 찾아서 캐느라 얼마나 고생하셨을까, 너무나 고마운 일이다. 하지만 나는 이것을 씻어서 처리해야 할 생각을 하니까 마음은 무거웠다.

아침 일찍 일본어 수업에 가기 전에 1층 집 앞에 있는 수돗물로 씻고 있었다. 우리 집은 2층인데 수압이 약해서 씻을 수 없었기 때문이다. 지나가는 사람들이 무엇을 씻고 있냐고 묻는다. 이사하고 이웃 사람과 아직 인사도 제대로 못 했는데 처음으로 주변 사람과 대화한 셈이다. 1층에 사는 아주머니가 "그렇게 하면 안 씻어져, 큰 대야를 갖고 와서 물속에서 해야 흙이 떨어진다." 씻는 법을 보여주고 똑같이 해 보라고 가르쳐 주셨다. 아주머니는 혼잣말처럼 "아무것도 모르는 것 같네!"라고 안쓰러운 듯 말씀하셨다. 시어머니 같은 느낌이 들면서 나는 정말 감사했다. (내 시어머니는 남편을 만나기 전에 돌아가시고 안 계셨으므로) "그렇게 하고 맑은 물이 나올 때까지 해" "잘 아시네요. 감사합니다."라고 하니까 "그거야 알지 몇 년 살았는데…." 아주머니는 나와 비슷한 나이였다. '아~한국에서 나만큼 나이를 먹으면 이런 약재들을 씻는 법 정도는 알아야 하는구나.'

아무리 씻어도 계속 흙물이 나왔다. 허리도 아프고. 1층 아주머니는 아는 건강원을 알려주신다고 전화까지 해주시고 달이는 가격도 물어봐 주셨다. 대단히 감사했다. 건강원이 어디에 있는지도 나는 몰랐으니까. 아주머니가 알려주시지 않았다면 나는 남편을 원망스럽게 생각하며 더 불평했을 것이다. 자기는 움직이지 않고 주변 사람만 힘들게 한다고. 그리고 그분이 담도암에 걸려 병원에서 치료받고 있으니 함부로 약 먹으면 안 될 텐데. 인터넷쇼핑에서 12만 원만 주면 엉겅퀴즙도 나와 있는데. 하지만 남편의 부탁을 받고 정말 엉겅퀴를 찾아다니고 구해주신 친구분의 정성을 봐서라도 마시기 좋게 해서 마음만이라도 전해야지 생각했다. 먹으면 안 된다면 주변의 다른 분이라도 먹으면 되겠지. 하지만 솔직히 나는 정말 부담스러웠다.

소개받은 건강원은 버스로 세 정거장. 멀지 않았다. 약속하고 다음 날 아침 일찍 맡기러 갔다. 아저씨는 양이 적어서 집에서 말리고 그냥 차로 마시는 걸 제안하셨다. 나는 상황을 설명하고 입원하고 계시는 분에게 전할 것이라고 달여 달라고 했다. 45,000원이라고 하셨는데 오천 원을 깎아 주셨다. 저녁에 약속 시각보다 빨리 전화가 와서 수업 끝나 부랴부랴 집에 갔더니 버스정류장 건너편에 아저씨가 오토바이 옆에 앉아계셨다.

두 상자와 검은 봉지 하나. 봉지를 만지니까 금방 달여 낸 것처럼 따뜻했다. 나는 도와주신 모든 분에게 감사하고 남편에게 불평하지 않았던 나 자신에게도 감사했다. 일요일, 남편한테 말해 그분에게 전하라고 해야지. 시골 친구분에게 감사 인사도 하고. 그리고 어쨌든 빨리 그분의 병이 나으면 좋겠다. 생각하면서 한 개를 먹어봤다. 쓰다. 몸은 가시투성인 엉겅퀴. 달여서 먹으면 몸에 좋구나. 어려운 숙제를 해낸 듯 흐뭇한 마음으로 저녁을 준비한다. 갑자기 남편이 엉겅퀴와 닮았다는 생각이 떠올랐다. '엉클어지고 가시투성이지만 달여 먹으면 약이 되는구나.' 혼자 쓴웃음으로 웃어본다.

2019년 5월

# 아카시아

　서울에 이사 왔었을 때, 새벽에 신기한 새소리가 들렸다. 5월 어느 날, 아침 문을 여니까 달콤한 향기, 아카시아꽃 향기였다. 뒷동산 산책길을 남편과 같이 걸었다. 기분 좋게 걷고 있는데 아카시아 이야기하다 싸웠다. 남편이 아카시아는 일본사람이 한국 산을 망치려고 심었다는 것이다. 아카시아는 빨리 자라고 번식력이 강해서 그것을 심으면 다른 나무가 자랄 수가 없다고 한다.

　행복해야 하는 산책길에서 돌아올 때 시무룩해져서 집으로 왔다. 나는 일본사람이 했던 악행에 대해 어느 정도 알고 있다고 생각했었는데, 아카시아 이야기는 들은 적이 없었다. 그 후 몇 해가 흘렀다. 매력적인 향기, 달콤하고 맑은 아카시아 꿀. 하지만 아카시아는 내게 좀 슬픈 꽃이 되었다.

　어쩌다 우연한 계기로 일제강점기에 한국 사람을 존중하고 사랑하려고 했던 아사카와 타구미 씨라는 분에 대해 알게 되었다.

그 상사가 사이토우 오토사쿠. 아카시아와 포플러(미루나무)를 한국에 가지고 온 사람이라고 한다. 두 사람이 일본에서는 흔치 않은 기독교인이다. 아사카와 타구미 씨가 잣나무 양묘 법을 고안했다는 것과 한국 식림의 37%는 그의 공이라는 글을 읽고 새삼 놀랐다. 그때까지는 남편의 말대로 믿고 있었으니까. 한국 사람을 위해 살았다는 사람이 있었다는 것이 나에게는 위로가 되었다. 또 그를 지금도 추모하고 산소를 지키는 한국 분들이 계시는 것에 대해 감동을 받았다.

최근 아카시아 이야기를 어쩌다 다시 남편과 하게 되었다. 나는 아사카와 타구미 씨의 이야기도 조금씩 남편에게도 전하고 있었는데, "일부로 망치려고 했겠어요? 아마도 민둥산이어서 어쩔 수 없이 심었을 수도 있어요."라고 해봤는데 남편은 "내가 말하면 그렇게 알아!"라고 내뱉듯이 말하고 저쪽으로 가버렸다.

그 마음도 알 것 같아. 나라 전체를 도둑질당한 입장에서 일본인이 혹시나 한국 나라를 위해 좋은 일을 했다고 생각되는 내용이 있다 해도, 모두 기분이 나쁘고 마음이 상한다는 것. 아카시아 흰 꽃이 산을 덮을 듯 흔들리는 것도 왠지 괘씸한 것. 내가 한국 사람이라도 그럴 것 같다.

수년 전 태풍 컴퍼스가 지나간 후는 큰 나무는 쓰러져 다른 나무를 심었는지 향기는 덜하다. 일본어 학생 중, 나이가 고희 (古稀: 70세)를 지난 분이 "6·25전쟁 후 산이니 뭐니 민둥산이었거든요. 1960년대도 아카시아 많이 심었어요."라고 하셨다. 처음 들은 이야기였다. '남편에게는 이제 아카시아 이야기는 꺼내지 말아야지.' 이런 생각이 마음속을 스쳐 지나갔다. 역사는 흐른다. 많은 아픔을 품고. 수많은 가시를 숨기고 오늘도 바람에 흔들리는 아카시아 흰 꽃. 오늘도 은은하고 달콤한 향기를 뿜어내고 있다.

2020년 5월

# 이팝나무,
# 조팝나무

흑갈색 겨울이 지나 산수유가 먼저 봄이 온 것을 전한다. 개나리, 산진달래, 매화, 벚꽃, 여러 색과 모양의 들꽃들이 피고 진다. 벌레도 새도 농부도 바빠지고, 어느 사이에 자란 아기 나뭇잎들과 함께 하얀 꽃들이 산과 들에 쏟아진다. 초하(初夏: 초여름)를 전하는 흰 꽃, 이팝나무. 조팝나무. 이름이 신기해서 여기에 쓰게 되었다.

**이팝나무**

하얀 밥과 닮았다고 붙은 이름. 이 꽃이 많이 피는 해는 벼농사가 잘되고 꽃이 많이 안 피는 해는 잘 안된다고도 한다….

옛날에 가난한 나무꾼이 어머니를 모시고 살았다. 그런데 그 어머니는 오랫동안 병을 앓아서 일어나질 못했다.

"얘야, 흰 쌀밥이 먹고 싶구나!"
"예, 어머니 조금만 기다리세요. 얼른 밥 지어 올게요."

쌀독에 쌀이 조금밖에 남지 않은 걸 본 나무꾼이 걱정되었다. '어떡하지, 내 밥이 없으면 어머니가 걱정하실 텐데.' 그때, 나무꾼은 좋은 생각이 떠올랐다. '옳지, 그렇게 하면 되겠다.' 나무꾼은 마당에 있는 큰 나무에 올라가 하얀 꽃을 듬뿍 따서 자기의 밥그릇에 담았다.

"어머니, 진지 드세요."
"하얀 쌀밥이 먹음직하구나."

오랫동안 병석에 있던 어머니는 오랜만에 흰 밥을 맛있게 먹었다.

"어머니, 정말 맛있어요."

흰 꽃밥을 먹으면서도 나무꾼은 활짝 웃었다. 마침, 그곳을 지나간 임금님이 이 모습을 보시고 크게 감동하여 그 나무꾼 효자에게 큰 상을 내렸다. 이 일이 세상에 알려지자 사람들이 그

나무를 이밥나무[7]라고 불렀다. 나중에 그것이 이팝나무가 됐다고 한다.

조팝나무

이팝나무보다 일찍 핀다. 꽃 모양이 좁쌀을 튀겨 놓은 듯하다 해서 붙은 이름이다. 중국에서는 조팝나무를 수선국이라고 부르고, 다음과 같은 전설이 있다.

옛날 어느 마을에 수선이라는 효녀가 아버지를 모시고 살고 있었다. 어느 날 아버지는 전쟁터로 끌려가게 되고 적군의 포로가 되어 감옥에 갇히게 되었다. 이를 알게 된 수선은 아버지를 찾아 길을 나섰다. 몇 개월을 거쳐 죽을 고비를 넘고 넘어 겨우겨우 남장하고 몰래 적군에 들어가 감옥을 지키는 옥리(獄吏)가 되었다. 그러나 아버지는 감옥에서 이미 돌아가신 것을 알게 되고 통곡을 하다 적군에게 발각되었는데, 그들이 수선의 갸륵한 효성에 감복하여 고향으로 돌아올 수 있었다. 수선은 아버지의 시신을 고향 땅에 모셔와 무덤을 만들고 그곳에 작은 나무 한

---

7  이밥; 흰 쌀밥. 이성계(1335~1408. 조선시대 첫 왕)가 권력을 잡은 뒤 2년, 정도전의 제안으로 토지문서를 태워 백성에게 그 토지를 주고 토지개혁을 하였다. 이에 백성들이 쌀밥을 접하게 되었고, 이를 이성계가 내려준 밥, '이밥'이라 불렀다.

그루를 심었는데, 그것이 하얀 꽃을 피웠고 수선국이라고 부르게 되었다고 한다.

　오륙십 년 전, 한국에서는 이밥에 고깃국을 먹고, 기와집에서 비단 이불을 덮고 자는 것이 최고의 꿈이었다. 일본 친정의 어머니도 전쟁 후, 흰쌀밥을 먹기가 어려웠을 때 이야기를 하신 적이 있다. 이젠 이팝나무, 조팝나무를 보고 흰쌀밥을 생각하는 사람은 거의 없을 것이다. 오늘은 모처럼 아무것도 잡곡을 안 넣고 흰 밥을 지었다. 옛사람들의 고생을 생각해보고, 농부들에게 감사하면서.

2020년 5월

# 한식과 청명,
# 식목일

　한국에서는 일본에 없는 식목일이라는 날이 있다. 옛날에 한국 나라 전체가 산에 나무가 없었다고 한다. 지금처럼 산이 푸르게 되기까지는 산림부와 국민의 큰 노력이 있었을 것이다. 대통령령으로 1949년 4월 5일에 시행되었고 공휴일이었다. 그날이 나무 심기에 최적인 날이라서 그렇다고 본다. TV 등에서 나무를 심는 행사도 몇 번 봤다. 그런데 한식(寒食)이란 무엇인가 또 청명(淸明)이란 뭔가. 일본에서 태어나 자란 내 귀에 새로운 말이었다. 최근까지 혼동했고 청명은 이번에 처음으로 알았다.

　한식은 전통 사대 명절의 하나. 동지부터 백오일째 날이며, 4월 5일이나 6일이며, 24계절 중 청명(淸明, 춘분 후 15일째)과 같은 날 또는 그 전날이라고 한다. 이날에는 두 가지 유래가 있다. 하나는 중국 소사에 이날은 비바람이 심하여서 불을 금하고 찬밥을 먹는 습관에서 유래했다고 한다. 또 하나는 개자추전설(介子推傳說)이다.

### 개자추전설(介子推傳說)

　개자추(介子推)는 중국 춘추시대의 은사로 중이(重耳)가 진(晉)나라의 진문공(晉文公)이 되기까지 생사를 넘나드는 과정을 함께한 인물이다. 중이는 진나라의 진헌공의 둘째 아들로 인덕과 능력이 있어 따르는 이들이 많았으나 그만큼 다른 세력들로부터 위협을 받아 망명의 길에 오른다. 여러 나라에 머물며 전전하던 중, 위나라의 깊은 밀림 속에서 길을 잃고 허기와 피로에 허덕이게 된다. 그때 개자추는 고기와 나물이 들어있는 국을 끓여 중이에게 먹이고 중이는 그것을 먹고 기운을 차린다. 그런데 그 고기는 개자추의 허벅지 살이었다. 이를 안 중이는 눈물을 흘리며 이 은혜를 꼭 갚겠노라 맹세한다.


### 탄천 지공(貪天之功)

　무려 19년이라는 긴 망명 생활을 끝내고 (기원전 646년) 중이는 왕위에 올라 진문공이 되었다. 문공은 왕이 된 후에 그동안 자신을 도왔던 많은 사람에게 벼슬을 내렸다. 그러나 개자추는 어찌 된 일인지 등용하지 않았다. 늦게 문공은 자신의 실수를 깨닫고 개자추를 불렀다. 개자추는 "문공은 현명한 분이니 왕이 되는 것은 당연한 일이며, 자신이 공을 내세우는 것은 하늘의 공을 탐하는 것과 같아 수치스러운 일이다(즉 貪天之功)"라며, 문공의 부름에 응하지 않고 홀어머니를 모시고 면산(綿山)으로 들어갔다. 그리고는 문공이 아무리 불러도 산에서 나오지 않았다. "산에 불을 지르시면 효자인 개자추는 반드시 어머니를 업고 산에서 내려올 것입니다."라고 어떤 신하가 말씀을 올려 문공은 산에 불을 지르게 되는데, 개자추는 끝내 나타나지 않고 버드나무 아래서 어머니와 함께 불에 타 죽은 채 발견되었다. 문공은 너무나 슬퍼했고, 그때부터 개자추를 추모하기 위해 그날은 불을 사용하지 않고 찬 음식을 먹기 때문에 한식(寒食)이라 하게 되었다. 중국에서는 문에 버드나무를 꽂기도 한단다.

우리나라에서는 종묘에서 제사를 지내고, 백성들도 술과 음식으로 제사를 지내며, 조상의 묘를 찾아 살피고 봉분을 개수하기도 한다. 이날 성묘하는 풍습은 신라 때부터 전해져오고, 고려 시대에는 한식이 대표적 명절의 하나였다고 한다. 한식날이 되면 농가에서는 채소 씨앗을 뿌리는 등 본격적으로 농사철이 시작된다.

어떤 과정을 거쳐 진나라의 전설이 한국 신라 시대, 고려 시대 전통행사가 되었는지는 모르지만 충과 효를 풍습 속에서 가르치는 좋은 전통이 아닐까 생각한다. 올해도 그날을 앞두고 시골 산소는 못 가지만, 가까운데만이라도 성묘하러 가야겠다. 지구가 따뜻해진 탓으로 잡초 뽑기는 미리 하는 것이 좋을 듯하다. 식목일도 앞당길 예정이라는 소문도 들리는데.

2020년 1월

## 보물찾기

"주현이는 엄마 아빠의 보물 1호야. 엄마 아빠는 주현이가 태어날 때 얼마나 사랑했는지 알아? 그것을 알면 영현이도 동현이도 범현이도 질투할 거야."

아이가 넷이 있으면 어린아이들에게 손이 많이 가니까 큰아이에게는 신경 쓰지 못하거나 섭섭하게 느끼게 할 때가 있을 수 있다. 그래서 가끔 어린 동생들이 자버리거나 잠깐이라도 큰아이와 단둘이 있을 때 되도록 특별히 대화하도록 했다.

나는 큰아이에게 효가 뭔지 배운 적이 있다. 주현이가 18개월 때였다. 갑자기 심하게 토하고 힘들어해서 깜짝 놀라, 업고 병원에 갔다. 저녁이었다. 응급실에 도착해 엑스레이를 찍으니까 목구멍에 동그란 것이 걸려 있다. 동전인가 바둑돌인가. 만약에 동전이면 빼낼 수 있고, 바둑돌이면 안으로 떨어져 절개 수술을 해야 된다는 의사의 말에 가슴이 철렁 내려앉아 주현이

침대 앞에서 그냥 울어버렸다. 그랬더니, 누가 내 눈물을 닦는다…. 그것은 주현이었다. 어린 아들이 엄마의 아픈 마음을 느낀 것이다. 난 놀라움을 금할 수 없었다. 날이 밝아 전문의가 와서 일찍 주현이는 수술실에 들어갔다. 그때는 영락없는 애기가 되어 막 울고 있었던 주현이. 몇 분 안 돼 바로 주현이는 나왔다. 동전이었다. 나는 그때의 느낌을 지금도 기억하고 있다. 그리고 생각한다. 나는 나의 어머니께 또 부모이신 하나님께 주현이처럼 한 적이 있는가.

아이가 초등학교에 가면서부터 용돈을 한 주에 천 원 주었다. 주현이는 백 원을 십일조로 주일 때 헌금하고, 나머지를 내게 맡겼다. 금요일에 그것을 달라고 했다. 학교가 끝나자 그 돈으로 여러 가지 과자를 사 오고는 동생들과 나눠 먹었다. "엄마, 사람들이 어려우면서도 우리들을 도와주지 않아. 우리 앞으로 돈을 많이 벌어서 집도 사고 어려운 사람들을 도와주자." 나는 어릴 때 이런 생각을 한 적이 없었다. 언니랑 사소한 일로 늘 싸우고 어리광만 부렸던 것 같은데.

(남편은 신문지국을 운영했는데 적자로 항상 돈이 없었다. 나라의 도움으로 처음은 25만 원, 그리고 57만 원을 받았다. 십일조 해도 안 해도 어차피 모자라다. 그래서 정확히 십일조를 했다. 아이들에게 새 옷을 사줄 수가 없어 새해가 되면 겨우 양말이나 내의를 사줬던 기억

이 난다. 옷은 늘 주변 사람들이 깨끗이 빨아서 박스로 주셨다. 책들도 주시고. 그래도 새 옷을 사주고 싶은 마음에 친정어머니께 돈을 보내 달라고 한 적이 있었다. 그 돈으로 새 옷을 사주었다. 기뻤다. 하지만 세상에 아이에게 새 옷을 사주지 못한 엄마들이 많이 있을 거라고 생각하니까 마음이 아파 눈물을 흘리곤 했다.)

보물 2호 영현이. 영현이는 거의 아프지 않고 엄마·아빠를 걱정시키지 않는 아이였다. 태어날 때 너무 미인으로 태어나지 않게 해달라고 기도했다. 크면서 남자가 따라다니면 걱정되니까. 다행히 아빠 닮은 귀여운 여아로 태어났다. 태어날 때 여자 아이는 몸 크기에 비해 생식기만 대단히 크고 좀 보기가 민망하게 느꼈다. 아들 낳고 딸 낳고 실감했다. 남자와 여자의 차이가 역시 생식기였구나. 안으면 남자아이는 뼈가 그런지 튼튼한 느낌이고 여자아이는 굉장히 부드럽다는 것도 낳고 길러보니 알았다. 영현이는 절대 서두르는 일이 없고 마이페이스이고 어린이 화장실에 앉으면 끝까지 다 나올 때까지 계속 앉아 있었다. 예쁜 것을 보면 넋을 잃을 정도였다. 물웅덩이에 떨어진 기름이 무지개처럼 빛나는 모습을 가리키거나, 가을엔 낙엽을 작은 손에 소중히 주워 와 엄마에게 보여주기도 했다. 영현이는 한마디로 엄마를 웃게 하는 점이 있었다. "동현이는 하나님의 아들이에요."라고 했더니 " 아니에요. 엄마, 하나님의 손자야, 하나님은 늙었잖아." 영현이는 외출할 때나 급하게 움직여야 할 때는 동생들의 바지 신발을 챙겨 주기도 했다. 과자나 꼬치를 사면 누구하고도 잘 나눠 먹었다. 감자칩만은 어느 사이에 혼자 다 먹어버리기도 했지만. 반찬은 무생채를 좋아했다. 나를 닮았는지 야채를 좋아했다.

보물 3호 동현이. 부모는 아픈 아이를 더 애틋하게 생각한다. 동현이가 배 속에 있을 때는 외적으로 내적으로 어려울 때였다. 남편이 술을 마시고 밤에 돌아오지 않거나 돈이 없어 김치밖에 먹지 못했던 날도 많았다. 태어나보니 동현이는 갑상성 저하증으로 바로 순천향병원의 전문의에게 소개받아서 계속 치료를 받았다. 그 밖에 빈혈, 중이염, 아플 때가 많았다. 하지만 내가 제일 인내할 때 낳아서 그런지 제일 성격이 순하고 지혜롭고 착하고 위 누나에게도 양보하고 아래 동생에게도 양보하는 아이였다. 어느 날 아빠 품에 있을 때 범현이가 자기가 안기겠다고 떼를 쓰니까 동현이는 서서 자리를 양보해주고 하는 말. "아빠, 내일은 나만 안아줘야 돼." "응, 알았어." 좋아하는 음식은 포도. 애기 때 밤에 울어서 자주 밤중에 유모차에 태우고 밖에 데리고 나왔다. 몇 번이나 왔다 갔다 했는데 그때도 귀가 아픈

데 말 못 했을까 생각하니 미안하기만 하다. 길가에서 개구리를 흉내 내고 웃겨준 모습, 사고 난 전날 밤 주전자 노래를 부르고 율동 해준 모습이 지금도 눈에 선하다. "나는 나는 뚱뚱한 주전자, 손잡이 있고 주둥이 있죠. 버글버글 물이 끓으면 쭉 기울여 따라주세요." 동현이가 말했다. "다섯 살 되면 찌찌 안 만질래." 어쩌다 그 말 했는지는 잊었는데 며칠 있다가 깊이 고민하다 결심한 듯 말한다. "엄마, 역시 다섯 살이 돼도 찌찌 만질래." 그게 참 귀여웠다.

삼촌과 전화로 이야기하는데 동현이가 바꿔 달라고 한다. 삼촌 보고 싶다고. 바꿔줬다. "삼촌, 우리 집 맛있는 것 없어." 삼촌이 올 때는 늘 제사나 구정 추석이고 또 오면 장난감이나 먹을 것을 가지고 왔으니까. 동현이는 포도를 많이 좋아하고 밤과 꼬막도 좋아했다. 유치원에 가면 인사를 예쁘게 한 것을 봤다. 선생님이 "동현이가 제일 의좋단 것 같애."라고 하셨다.

보물 4호. 범현이. 천진난만 건강한 범현이는 늘 아빠·엄마 형과 누나를 즐겁게 했다. 아주 어릴 때 소아 천식이 있었는데 한번은 감기로 기관지염에 걸려 너무 힘들어했다. 경련을 일으키기에 소개를 받아서 한강 성신 병원에 갔다. 3개월 정도였을까. 의사 선생님이 보자마자 "잘생겼다"라고 하셨다. 범현이는 주사 맞고 피를 뽑고 하는데 죽을 듯 울었다. 간호사가 엄마인 나를 쫓아낼 정도였다. 마음이 아파할 거니까. 골수검사를 할 때도 간호사는 나를 쫓아냈다. 기다리고 있는 내게 똥을 많이 쌌다고 검사가 끝나고 잠자는 범현이를 안겨줬다. 간호사님께 너무나 감사했다. 그때는 너무나 힘들었는데 추억이 되니 그것이 또한 감사하다. 마지막 다 같이 목욕탕에 간 날. 늘 엄마와 누나와 목욕탕에 갔는데 갑자기 범현이가 아빠와 형 쪽으로 달려갔다. '어머 자기가 다르게 생겼다고 아나 보다.' 그날 난 영현이와 둘이 편하게 목욕을 했다.

꾀병-어린이집에서 전화가 왔다. "동현이가 딸기우유 먹고 나서 아프니까 데리러 오세요." 오토바이로 남편과 가서 동현이를 데리고 가려고 하는데 범현이가 그것을 봤다. 갑자기 얼굴이 이상해지고 자기도 아프다고 한다. 그 모습이 우습기도 하고 귀여웠다. 동현이가 중이염으로 병원에 가면 간호사가 범현이에게 말했다. "너는 뭐 하러 왔니?." 물고기도 보고 놀러 왔으니까.

범현이는 사랑을 많이 받았다. 화재로 아이들이 간 뒤 담당 의사도 간호사도 일찍 장례식장에 와주셨다. 크리스마스. 저금통에 있는 돈으로 매년 모두가 놀 수 있는 장난감을 사기로 했었다. 그해는 부록을 사기로 했다. 그런데 범현이가 소방차를 들고 너무나 행복한 얼굴로 계산대 쪽에 달려와 안 사줄 수가 없었다. 예외로 사 줘버렸다.

화재가 나서 어머니께 전화했을 때 어머니가 말씀하셨다. "당신의 보물이 타버렸구나." 나의 보물은 그 이후 하나님께 맡기게 되었다. 아픔도 없고 슬픔도 없는 곳에. 나는 아이를 낳고 기르면서 부모가 얼마나 아이를 사랑하는지 아이가 얼마나 귀여운지를 알게 되었다. 아이들이 있을 땐 내 아이가 세상에서 제일 예뻤다. 그런데 아이들을 보낸 뒤로는…. 모든 아이가 예쁘다. 그리고 어떤 무섭게 생긴 아저씨도 미끌미끌한 애기였다고 생각하니까 사랑스럽지 않은 사람이 없고 귀하지 않은 사람이 없는 것이었다.

보물은 하나님께 맡겼으니 걱정이 없다. 사랑을 배웠으니 내가 사랑해야 할 사람을 찾아야겠다. 누군가 나의 사랑을 필요한 사람이 있을 것이다. 사랑을 받고 싶었는데 못 받은 누군가가. 그것이 내게 보물 5호, 보물 6호 보물 7호가 될 것이다. 즐겁게 출발한 신년의 목표, 보물찾기다.

2021년 1월

# 휴일

　휴일. 오랜만에 아이들 산소에 갔다. 산소에 가고 나서 근처에 있는 기도원에 들렀다가 올 예정이었다. 공원에 민들레와 작은 잡초들이 작은 얼굴을 내밀다가 금방 날로 자라는 모습을 보게 되어 이제 산소에도 쇠뜨기들이 나올 때가 됐구나, 생각되었으니까. 잠실역에서 1시간에 한 번 가평 설악에 가는 7000번 버스가 있는데 1시 35분이라고 알고 천천히 걷고 있는데 앞에 가는 젊은 여성이 막 달린다. 나도 따라 달렸다. 혹시나 또 버스 시간이 바뀌었나? 토요일이라 놓치면 한참 늦을 수 있다. 아니나 다를까 버스가 서 있다. 출발한다. 난 간신히 버스 옆까지 달려 버스는 멈췄다.

　"감사합니다!" 시계는 1시 12분. 1시 10분 발이었을 것이다. 앞에 달린 여성 덕분에 2분 늦어도 탈 수 있었던 듯하다. 운이 좋다. 그 여성에게도 버스 기사에게도 감사했다. 11월 아이들 제사 때부터 3개월 만이다. 위곡3리로 가는 버스를 타고 마을

회관에서 산소에 올라가는 길에 전에 쉬었다가 간 오솔길이 보였다. 순간 저 길을 죽~ 가고 또 가고 죽어버리고 싶다는 생각이 스쳐 갔다. 스무 살 때처럼. 아이들과 지낸 날들. 아이들 보낸 후 두 번의 유산. 남편과 이혼소송에 이르기까지. 주마등처럼 모든 일들이 머릿속에 맴돌고 나는 울고 있었다. 지름길로 숲을 지나 산소에 도착했다. 생각대로 작은 풀들이 돋아나고 있었지만, 아직 쇠뜨기 새끼 머리는 안 보였다. 풀들을 제거하고 철하고 기도한 후 택시를 불렀다. 카톡으로 부르니까 바로 6분 거리에 있는 택시가 잡혀서 바로 와주셨다.

"감사합니다. 편리한 시대가 되었네요."
"카톡 택시를 부를 줄도 아시고 신세대네요."

아저씨가 말했다. 기도원에 가는 몇 분간에 아저씨와 자연스럽게 이야기하게 되었다.

"아저씨 차가 멋있네요."
"아~택시 중에서 제일 좋은 것을 뽑았어요. 버스 운전을 30년 했거든요."
"와아~~30년이나! 그것도 대단한데."

"나는 운전하는 것이 즐거워요. 일은 좋아하는 것을 해야 돼. 돈 때문에만 하는 것은 힘들어요. 내가 즐거운 것을 하는 것이 최고예요."

아저씨는 '인간의 명은 스스로 정하고 이 세상에 태어난다.'라고 하셨다. 당신은 딸 하나 있는데 시집갈 때 딱 천만 원을 주고 끝냈으며 나머지는 사회복지 시설에 기부하기로 했다고, 그리고 자기가 죽으면 시체를 병원에 기증하기로 했다고 하셨다. 어머니 아버지도 그러셨다니까 한국 분으로 쉽지 않은 결정, 쉽지 않은 생각이다. 신앙을 갖고 계시는지 물었더니 신앙과 상관이 없다고 하셨다.

10년 전쯤이 될까, 전쟁고아이시고 혼자 사는 사람을 만났는데 그분도 장기 기증을 하기로 하여 병원에 서류를 냈다고 하셨다. 그때는 나의 시체에 칼을 대면 가족은 슬플 거라는 생각에 나는 아니다, 라고 생각했는데 혼자가 된 지금은 느낌이 다르다. 그렇게라도 누군가를 위해 살 수 있다면 행복하겠다. 가족도 후손도 없으니 무엇을 남길 것인가 그것이 나의 과제였으니까. 아까 산소에 가는 길에 나의 위험한 생각을 하나님이 알고 아저씨를 통하여 내게도 뭔가 할 수 있는 일이 있다고 가르치신 걸까.

기도원에 가서는 그래도 살아 있다는 감사와 현실적인 나의 일을 낱낱이 말하고 왔다. 세계를 위하여도 남을 위하여도 아니고 지극히 개인적인 이야기만 하나님께 말했다. 나의 모든 것을 아시는 하나님이시다. 결과는 맡기면 되니까. 내게 어둡게 구름이 끼려고 하는 마음이 다시 맑아졌다. 사람은 어려울 때 살다가 벽에 부딪칠 때 신께 의지하거나, 아니면 누군가를 의지하려고 한다. 일본도 '힘들 때 신에게 부탁한다.'라는 속담이 있다. 기복신앙을 약간 비꼬는 말이기도 하지만, 나는 기도할 수 있다는 것이 참 행복한 것이라고 느끼며 서울에 돌아가는 버스를 탔다. 휴일을 보내면서 몸과 마음을 쉬고 싶었기에 이런 하루를 보냈다.

2012년 3월

# 수락산 소나무를
# 찾아서

　수락산 1번 출구에서 I 여사님을 만났다. 그녀는 몇 년 전에 주민센터 일본어 반에서 내 일본어 학생이었고 지금은 글쓰기 공부를 함께 하는 사이다. 수락산 소나무. 사진을 보면서 그림을 그리고 또 시를 썼다. 그런데 실체를 안 보고 그리고, 또 썼으니 아쉽기도 하고 마음에 걸리기도 한다는 말을 하자 '같이 갈까요?'라고 나서주신 덕분에 수락산에 가게 된 것이다. 난 무릎의 퇴행성 관절염으로 한 시간 이상 걷기가 힘들어 일상생활에서 무리하지 않도록 조심했었다. 나보다 열 살 위이신 여사님이 '몇 번 갔어요.'라는 말에 '아하, 뒷동산처럼 쉽게 갈 수 있는 산인가 봐' 그렇게 생각해서 '네!' 확답을 해버렸으니까.

　학생 때부터 산악 동아리에서 활동했다는 이야기를 들으며 계곡 길을 걸어갔다. 그 당시는 수락산은 시시해서 안 갔다며 갈 수 있는 데까지 가고 안 되면 되돌아가면 된다고 하셨다. 첫 번째 쉬어갈 때 갖고 온 오이와 당근을 먹으며 여사님의 말을 들었다. 고향은 김제인데 일제강점기 때, 일본사람들이 잘 가꾸어 학교를 세운 곳으로 상당히 경치가 좋았다고. 아버님이 머리가 좋으시고 농업학교의 선생님이었다는 이야기. 차를 만들어 주셔서 항상 마셨다고도. 할아버지는 일본인이 군 위안부로 여자들을 데리고 가려고 하는데 그들과 싸워서 감옥살이를 일 년 하셨고, 아버님은 고등학교 때 일본은 망한다고 말했다고 경찰에게 끌려가서 역시 일 년 감옥살이를 하셨다. 아버님은 평생 그 감옥에서 있었던 일에 대해 한마디도 하시지 않으셨다고 한다. 아버님이 늙으시고 아프시게 된 후, "아버지 왜 그때 이야기를 한마디도 안 하셨어요. 이야기해 주세요."라고 했더니 "개다."라고 하셨단다. 그들은 이미 인간이 아니라는 말이었다.

여사님은 이어서 큰아버지의 이야기를 하셨다. 큰아버지는 결혼하셨었는데 큰어머니가 아주 키도 크고 예쁘셨다고. 그런데 동내 어떤 남자가 그녀를 덮치려고 했다고 한다. 그 이야기를 들은 큰아버지는 그 남자를 때리고 아주 혼을 냈는데 그 남자가 일본 경찰에 가서 큰아버지에게 당한 것을 고자질하는 바람에 큰아버지는 잡혀갔다는 것이다. 얼마나 심하게 당했는지 큰아버지는 행방불명되었다가 강원도 지금 북한과 경계선쯤에서 폐인처럼 된 모습으로 발견되어 고향에 돌아오셨지만, 혼이 없는 미친 사람처럼 되어버리셨다고 한다.

마치 영화의 한 장면을 본 듯했다. 여사님은 "그 당시에는 어느 집에서나 있었던 일일 거예요." 덧붙이셨다. 여사님은 할아버지와 아버지를 그토록 죽을 만큼 괴롭힌, 또한 큰아버지의 한평생을 망친 원수 일본인의 한 사람인 내 앞에서 잔잔하게 말씀하고 계시다. 초록이 짙어진 상수리나무와 소나무 나뭇잎 사이로 바람이 스쳐 지나가고, 아래쪽에는 물이 흐르고 있었다.

"슬슬 갈까요?" 낙엽에 둘러싸인 돌계단 길을 천천히 걸어 올라갔다. 뒷동산 아닌 본격적인 등산길이다. 여사님은 어머니도 아버지도 병원에 누운 채 오래 사셔서 가족으로서 어려웠기에 자기는 산에서 떨어져 바위에 부딪혀 한순간에 죽으면 좋겠다고 생각했다고 한다. 하지만 이번에 그것을 취소한단다. 그냥 집에서 누워서 죽는 것이 나을 것 같다고. 그리고 오래 누워 계셨지만 부모님이 아흔을 넘도록 사셨기 때문에 본인도 그만큼 사는구나, 라는 느낌(자신감)이 있다고 그것이 감사한다고 하셨다.

계곡은 바닥 전체가 큰 바위와 돌로 되어 있다. 물이 흐르다가 떨어지고 흐르다가 떨어지는 작은 폭포 같은 것이 많았다. '그래서 수락산인가 보다.' 나는 혼자 끄덕거렸다. 산봉우리가 나왔다. 오른쪽을 보니까 상당히 험한 바윗길이다. '갈 수 있을까?' 순간 생각했지만 가야만 했다. 나는 벌써 소나무를 보는데 바빴다. 내가 그린 소나무는 어디에 있을까? 혹시 그것인가 저

것인가? 하지만 밧줄을 잡고 바위에 박힌 철 말뚝을 밟고 가야 하기에 난 더는 두리번거릴 여유가 없고, 집중해야 했다. 아래를 보면 어지럽다. 위만 봐야지. 집에서 죽기로 했다는 여사님의 말이 떠올랐다. 나도 한순간에 죽는 건 나쁘지 않지만, 지금 여기서 떨어져 죽고 싶지 않다.

정상 가까이에 철모 바위가 있었다. '아, 저 소나무다.' 드디어 내가 그린 소나무를 만났다. 기뻤다. 고맙다고 반갑다고 장하다고 나는 소나무에게 말하고 싶었다. 신기했던 것은 나는 사진에 있는 한 가지의 소나무 잎을 완전히 생략했는데 지금 내 눈앞에 있는 소나무의 그 가지에는 잎이 없었다. 사진보다 나의 그림이 실제 소나무와 비슷하다는 생각이 들었다.

여사님은 함께 기뻐해 주시며 사진을 찍어주셨다. 목적은 달성했지만 바로 옆에 보이는 정상을 안 가고 돌아가기는 아쉬웠다. 정상도 가기로 했다. 알고 보니 여사님은 나를 데리고 오기 위해 그동안에 두 번이나 답사하셨다는 것이다. 정상까지는 안 갔다고 하시지만, 밧줄에 매달리고 철 말뚝을 밟고 가는 길. 아래를 얼핏 보면 어지러운 길. 고맙다는 것을 넘어서 놀라웠다. 몰라서 따라온 길이었다. 내게는 그야말로 기적의 등산이다. 한동안 느껴본 적이 없었던 성취감, 여사님과 나는 교대로 정상에서 사진을 찍었다. 여기까지 온 우리는 백 살까지 살 것 같네요 하고 웃었다. 정상을 약간 내려서 맛있게 김밥을 먹고 우리는 산을 내려왔다. 여사님도 모르는 길을. 그냥 내려가면 어디라도 좋다는 생각이었다.

산기슭에 와서 계곡물에 발을 담갔다. 물이 한 점의 흐림도 없었다. 햇볕을 받아 아지랑이가 물 위에 흔들거리고 이름 모르는 흰 꽃이 바위와 물 위에 떨어져 빛났다. 투명한 물소리가 마음을 씻어낼 듯했다. 행복한 하루, 기적과 같은 등산, 소나무와의 만남이었다. 그 소나무와 물소리, 여사님의 사랑과 함께 언제까지나 기억하고 싶다.

2021년 6월

# 거리 두기
-탓에서 덕분으로-

　코로나가 발생하고 1년 이상이 되었다. 내 작은 직장이었던 주민센터 일어반은 작년 2월부터 못 한 채 딱 1년을 넘었다. 남편의 사업이 수입이 안 돼도 내 일본어 수업의 수입으로 절약하면서 살아왔다. 하지만 그 수입이 없어졌다. 코로나 탓으로. 처음은 통장에 있는 돈도 쓰고 정부 지원금으로 받은 카드를 쓰고 버티다가 도저히 안 되는 것이었다. 나가는 돈은 항상 나가는데 수입이 없다. 어쩔 건가. 그래서 지인이 알려줘 코로나 희망 일자리 신청을 했더니 합격했다. 얼마나 고마웠는지.

　난 5, 6년 전부터 아프기 시작한 무릎 때문에 명절 때나 외출하고 조금 무리하면 허리가 아파 주저앉아 버리는 일이 일 년에 한두 번 있었다. 계속 병원에 다니고 가끔 한의원에서 벌침을 맞았었다. 하지만 지금은 그 비용도 없고 병원 가기도 불안하고 못 간다. 코로나 탓으로.

공원 일은 그렇게 힘들지 않았다. 반장님은 정부의 방침으로 주어진 일이라고 4시간밖에 안 하는 이유 등을 말해주면서 지켜야 하는 내용 등을 설명해 주셨다. 작은 공원치고는 쓰레기가 많다는 것. 덕분에 너무 심심하지 않고 즐겁게 일할 수가 있었다. 다가와서 말을 걸어주신 할머니와 할아버지와도 친구가 되어 좋았고 특히 매일 계속 걸은 덕분에 근육이 길어져 무릎은 오히려 아프지 않게 되었다.

다음 했던 일은 금연 거리 지킴이. 시청에 접수하러 갔다. 백 명 모집한다는데 나는 74번째였다. 합격해서 보건소 근무가 되어 금연 거리를 매일 왔다 갔다 걸었다. 하루에 걸을 때는 약 15000보부터 2만 보를 걸었다. 덕분인지 더 다리에 근육이 붙은 것 같아. 지금 식당일도 아마 이 과정이 없었으면 못 했을 수 있다. 코로나 덕분에 난 건강해지고 4킬로가 빠지고 무릎을 위하여도 외모로서도 이상적인 상태가 되었다.

일본어 개인 수업 학생 중 한 분은 코로나 발생 후도 변함없이 만나서 대면 수업을 했는데 내가 다른 일어 수입이 없는 것을 알고 그때부터 두 배 수업료를 지금까지 주시고 계시다. 또 교회와 관계된 분이 학원에 못 보낸 대신에 아이들에게 일본어를 가르치고 싶다며 세 아이를 같이 가르쳐 달라고 하시며 수업료도 제대로 주시고 하여 그 당시 가계에 큰 도움을 주셨다. 지금은 그중 한 아이만을 가르치고 있다. 온라인으로. 덕분에 자신이 없었던 온라인 수업도 하게 된 것, 이것도 코로나 덕분이다. 처음은 엄청 거부감이라고 할까 못 한다는 마음이 컸는데 하다 보니까 대면 수업 못지않게 할 수 있다는 자신감도 갖게 되었다. 특히 최근 맡은 대학생 온라인 개인 수업으로 보람과 기쁨을 느끼고 있다. 대학생은 온라인 수업에 익숙해져서 그러는지 대면 수업으로 공부하는 학생과 똑같이 집중하고 그만큼 성장하는 모습을 지켜보고 있다. 코로나 덕분이다.

언제부터인가 코로나 탓이라고 비관했던 일들에 대해 '코로나 덕분'으로 감사하고 있는 나의 모습을 본다. 세 아이를 가르친 집에 갔을 때 그 집은 막내가 돌 지나 얼마 안 됐는데 코로나 덕분에 위 아이들이 외출을 안 하니까 막내가 감기에 안 걸린단다. 아이들 아빠는 마스크를 쓰니까 그전에는 코 알레르기로 고생했는데 코로나 덕분에 안 아프다고 했다. 나도 코로나 이후 화장실에 갈 때마다 손을 비누로 씻게 되어 늘 미리 조심하니까 아프지 않고 감기도 잘 안 걸려 감사하다. 코로나 덕분이다.

실은 코로나보다 나를 괴롭히는 존재가 네게 따로 있다. 그것은 남편이다. 누가 이런 말을 했는데 마음에 와닿았다. 인간은 이 세상에 영혼의 수행하러 온 것이라고. 부부란 그중에서도 최고의 수행을 시키고 영혼이 성장하도록 하게 해 주는 사람이 주어진다고. 그게 정답이겠다. 내가 힘든 것을 아직 난 남편 탓으로 하는 마음이 크다. 그것이 남편 덕분이에요, 라고 말할 수 있을 때, 남편을 졸업하고 참 이별을 하게 되는지도 모른다. 아직 아니라는 것을 난 알고 있다. 거리 두기를 하는 것은 코로나 탓이 아니다. 미움, 원망, 증오, 분노로 가려진 그의 영혼의 눈이 밝아지기를 바라고 잠시 피하는 것이다. 나 자신도 더 마음이 크고 깊고 넓어지기 위한 훈련의 기간인지도 모른다.

  탓에서 덕분으로, 나도 남편도 서로를 감싸 안을 수 있을 때까지 좀 더 시간이 필요할 것 같다. 사람은 몇 번이나 다시 태어난다는 불교의 가르침이 있지만, 이 생애에서는 안 되고 다음에 다시 태어나야 가능할지도 모른다고 그런 생각도 가끔 한다.

2021년 2월

# 선물 같은 하루

코로나 사태 이후 일 년이 지났다. 작년 이쯤 일본어 수업이 모두 없어져서 어떻게 생활할까 고민에 빠졌던 기억이 난다. 그 후, 나의 생활 목표는 하루를 행복하게 사는 것. 과거도 미래도 생각하지 않고 하루 일어나 눈을 뜨고 감사하고 직장을 가진 것만으로 감사했다. 오늘은 어떤 풍경을 볼 수 있을까, 누구를 만날 수 있는지도 설렘으로. 마치 선물 같은 하루를 살아보려고 애썼으니까.

새벽 하늘의 하현달을 보았다. 오묘한 빛은 아무리 스마트폰의 화질이 좋아졌다 해도 그것을 담을 수 없다. 어쩔 수 없이 난 뇌리에 또 마음에 그 달을 찍는다. 그랬더니 몇 캐럿의 다이아몬드를 갖는 것보다 부자란 생각에 자꾸 가슴이 벅찼다. 달은 빌딩 위에 떠 있다. 빌딩은 떠오르려고 하는 태양의 빛을 받아, 희미한 분홍빛을 띤 베이지색이다. 하늘은 보라색과 연한 남색. 달은 동그란 왼쪽 부분이 반짝이고 나머지는 점점 희미해지다가 그림자는 하늘에 가려진다.

집에 돌아가 빨래와 온라인 수업을 하고 저녁에 잠깐 약국에 파스를 사러 갔다. 한 주 전부터 자다가 일어나면 오른손이 저리다고 했더니, 백발 할아버지가 친절하게 응대해 주신다. 따뜻하게 해야 한다고 몇 번이나 말씀하셨다. 펭귄 마크 파스와 몸살약을 사고 약국 문을 나섰더니 하늘은 주황색으로 빛나고 있었다. 석양이 막 넘어가려는 순간이다. 그 찰나, 이런 아름다운 곳에 살게 되었다니. 매 순간 감사할 뿐인 것을.

젊은이들이 보도를 가득 메워 무리를 지어 걸어온다. 퇴근 시간이다. 아까 식당 일을 끝내고 계단을 올라가는 언니와 나처럼 행복한 대화를 하고 있을까. "나는 이 시간이 너무 좋아, 일이 끝나고 집에 가는 시간요!" 언니는 항상 계단을 올라가면서 말했으니까. 마스크로 확실한 표정은 안 보이지만 사람들의 발걸음은 즐겁고 가볍게만 느껴졌다.

서너 명의 여성이 가다가 붕어빵 가게에서 멈춰 섰다. 그녀들은 빙글 몸을 돌려 계란빵 한 개와 붕어빵 몇 개를 사려고 한다. 그 몸짓과 표정도 아름다운 풍경화였다. 나도 덩달아서 행복한 마음으로 원룸에 들어간다. 주차장에서 여러 명 남자와 여자들이 담배를 피우고 있지만, 그건 신경 안 쓰기로 한다. 어떤 모습도 그들의 삶에서 소중한 순간이 아니겠는가. 나의 하루가 오늘도 어느 것과도 바꿀 수 없는 경험과 추억이 담긴 선물 같은 하루였기에.

2021년 3월

# 만나는 사람마다
# 운명의 기로

그 기간은 실로 괴로웠다. 문득 정신을 차려보니 어깨가 앞으로 구부러지고 뚝 떨어지고 마음에 구름이 끼고 있는 나 자신을 발견했다. 그럴 때마다 난 어깨를 다시 펴보고 유튜브로 긍정 메시지를 계속 들으면서 "감사합니다"라고 말하고 방긋 웃어봤다. 친구가 보내준 '제일 쉽게 행복해지는 방법'을 비롯해 일본에서 12년간 납세 1위를 하신 사업가이신 사이토우 히토리 씨 (중졸) 등의 동영상. 그것이 내게 큰 힘이 되었다.

그 내용은 "감사합니다."라고 계속 말하는 것. 일부러라도 웃고 또 만나는 사람마다 선한 말로 인사하고 친절하게 대하는 것 등, 아주 단순했다. 그러면서 '만나는 사람마다 운명의 기로라는 말이 가슴에 꽂혔다. '하나하나의 만남을 소중히 여겨야 하겠구나' 새삼스럽게 느꼈다. 가족이나 직장의 인간관계뿐만 아니라 택배 아저씨이거나 편의점 아르바이트 학생이나 슈퍼마켓 계산대 아주머니, 시장에서 생선 채소 등을 파는 아저씨에게도 결코 함부로 대해서는 안 된다. 좀 내가 손해를 보더라도 상대를 기분 좋게 만나 헤어져야 하겠다. 당연한 일상이 엄청 많은 사람의 땀과 노력과 때론 눈물로 이루어져 있는 귀한 것이었다는 것을 생각하게 되니 그야말로 온종일 "감사합니다."라고 말해도 부족할 것이다.

마음속에서 '감사합니다.'라고 말하게 되니까 일상에서도 자연스럽게 "감사합니다", "고맙습니다."라고 말하게 됐다. 같이 일하는 언니가 너무 쓸데없이 "감사합니다."라고 하지 말라고 한 적이 있다. '그런가?' 그럼 마음으로만 말해야지 생각했지만 나는 그래도 "감사합니다."라는 말은 해롭지는 않다고 생각한다. 늦은 밤에 칼을 들은 강도를 만났다가 "감사합니다."라고 말하니까 당황한 강도가 "내 직업은 강도다."라고 말하고 웃겨서 둘이 웃다가 그 강도가 술을 사주고 이야기를 나누었다는 어떤 작가의 이야기가 떠오른다.

매일 직장에 가는 길 공원 입구에서 자전거를 타고 다니고 술을 마시고 앉아 있는 할아버지가 지나갈 때마다 '감'자에 힘을 주어서 "감, 사합니다!"라고 외치신다. 술에 취하셔서 걱정되지만 술에 취해서 욕하고 다니는 것보다는 백 배 낫지 않은가. 만

나는 사람마다 친절하게 대하고 감사할 수 있다면 그것이 쌓여 운명의 갈림길에서 반드시 행복과 행운의 방향으로 길이 열릴 것을 확신한다.

# 공원에 가는
# 길에서

　우연이라기엔 너무나 신기한 만남이다. 나는 주민센터에서 일본어를 가르치는 일을 코로나 때문에 모두 잃어버렸다. 그런데 2년 후, 친구의 소개로 세 남매에게 일본어를 가르치는 아르바이트를 하게 되었다. 더 놀라운 일은 그 집에는 나를 만날 당시 태중에 있던 아이가 태어나서 이젠 네 남매가 되었다. 나의 아이들과 같은 아들 셋, 딸 한 명이 아닌가. 11살, 8살, 6살, 1살의 막내가 딸이니까. 이름도 이율곡, 이리만(독일 수학자), 이순신, 이어령(딸)으로 우수한 사람의 이름을 땄다. 큰애는 수학이 고등학교 수준인데, 영어 중국어 일본어 프랑스어 러시아어까지 한다니 예사롭지 않다. 피아노도 바이올린도 수준급이다. 나는 일본어 강사지만, 먼 나라에 있는 내 아이들 네 명처럼, 내겐 이 세상에서 만난 참으로 특별한 만남이다.

　가끔 나는 내 아이들과 같이 있는 착각을 일으켜, 나도 모르게 "주현아!" "영현아!"라고 내 아이들의 이름을 말해버리고 '아차' 하는 순간들도 있었다. 어쩌면 아이들이 엄마를 보고 싶어서 이 집에 다시 태어나 엄마를 기다리고 있었던 것이 아닌가. 처음 이 집에 왔을 때 셋째 순신이가 나를 열렬히 맞아준 것이 생각이 난다. 벌써 3년째가 되니, 아이들은 놀랍게 몸집도 커지고 날로 성장하는 모습을 본다. 이런 만남이 이루어진다니, 너무나 신기해서 하나님께 늘 감사하고 있다. 공원으로 가는 길에서 나의 발걸음은 사명감으로 더 가볍게 옮겨졌다.

# 길을 걸으며

　길을 떠난 지 얼마나 되었을까. 그때는 긴 장마였다. 지금 뒷동산을 걸으면 싱그러운 바람. 사람 아기가 다섯 손가락을 가지고 태어난 것처럼, 은행나무도 아기 잎사귀들은 부채 모양이다. 단풍 나뭇잎은 몇 결에 나뉘어 있고 도토리 나뭇잎은 벌써 연두색 이파리가 꽤나 커버렸다. 그때 나는 사랑했던 남편 곁을 떠났다. 하늘이 울어줬나 유난히 길었던 장마. 낯선 곳에서 들린 빗소리가 얼마나 요란했던지.

　며칠 전에 갑자기 발목이 아파서 식당 일을 하는 데 불편하고 주방장님에게도 걱정을 끼쳤다. '누가 자꾸 내 발목을 잡나 봐' 그렇게 생각했다. 잠시 후 아리랑 노래가 떠올랐다. '나를 버리고 가시는 임은 십 리도 못 가서…' 아 남편이 이 노래를 계속 부르고 있나 봐~ 남편과 그동안에 두세 번, 전화와 문자, 편지로 내 입장과 마음을 전하고 그의 상황과 마음도 전해 왔다. 마지막은 문자폭탄. 그가 변한 것이 하나도 없다는 것을 확인하고 나는 이제 가던 길을 그냥 갈 수밖에 없다고 마음을 정리했다.

어제 일터 주변 산책길을 같이 일하는 언니와 걸었다. 숲속 둘레길을 걸으며 언니는 "저 병원 9층에 입원하고 있을 때 여기를 걷는 사람들을 보면서 내가 얼마나 부러워했는지 아니?"라고 했다. 시장을 지나가며 노방에서 장사하는 사람들을 보고 겨울엔 춥겠다라든가, 이것 다 팔 수 있으려나? 등 걱정스럽게 말하는 나를 보고 언니가 말했다. "인간은 모두 살게 되어 있어." 그것이 내게 주는 말처럼 들렸다. 언니는 내 새로운 집에서 가깝고 소문난 곳이라고 사우나를 가르쳐주고 버스정류장에서 헤어졌다. 돌아가는 길에 새로 살게 될 집 앞을 지나갔다. '어?' 집 앞에 제비꽃들이 많이 피어 있다. 지난번은 전혀 몰랐는데. 시멘트벽 쪽 한구석에 먼지와 흙에 뿌리를 내려 어떻게 이리 아름답게 꽃 피울 수 있는가.

인간이 다 살게 되고 있어. 언니 말과 제비꽃들을 보면서 나는 더 뒤돌아보지 않고 걱정하지 않기로 했다. 그리고 이쯤에서 남편도 나 자신도 용서하기로 했다.

2021년 4월

# 사랑은
# 영원한 것

　5월 8일 어버이날, '어머니의 은혜' 동영상을 누가 보내주었다. 나를 잘 알고 있는 분이다. "아기들의 노래 듣고 위로받으세요" 라는 문자와 함께.

　아이들을 보낸 뒤 제일 슬프고 힘들었던 것은 5월 5일 어린이날이었다. 5월 8일은 어버이날, 5월 25일은 큰아이 주현이의 생일이었기에 더욱 그렇다. 그런데 나의 슬픔보다 더 힘들었던 것은 남편이 예민해지고 화를 많이 내는 것이었다. 아니 그럴 수가 있겠는가만은 나는 그것을 받아들일 수 있을 만큼 강하지 못했다. 무서워서, 또 불안해서 눈치를 보고 맞추려고 하는 나의 태도는 남편을 더 짜증나게 했을 것이다. 불안해지면 정신이 없어져 실수도 자꾸 더 하게 되어 남편을 더 화나게 했다. 눈물과 함께 과거의 나날이 스쳐 지나갔다. 용서합시다. 남편을, 그럴 수밖에 없었으니. 용서합니다. 나 자신도 그렇게밖에 살지 못했던 거니 모두 용서합니다.

밤에 다시 그 노래를 들으면서 아이들 사진을 봤다. 기를 때 힘들었던 일도 한두 가지가 아니었는데도 남은 것은 귀여움, 사랑스러움, 그리움뿐이다. 결국 사랑만 남는구나. 지인이 내게 2천억의 별의 이야기와 138억 년 전에 태양계가 태어난 이야기를 한다. 아이들이 살았던 3년, 9년도 내가 살다가 백 살 되어 죽었다 해도 그 차이가 얼마나 있냐고. 언제까지나 애틋하게 내 가슴 속에서 살아 있는 아이들. 사랑은 영원한 것이다.

2022년 5월 8일

## 추억이란?

아이들이 간 지 벌써 17년을 넘었다. 추억이란 것이 희한한 것으로 그때는 아이가 아프면 몹시 힘들었던 것인데, 행복했던 나날보다 더 선명하게 떠오르니 그것도 또 감사하고 싶은 마음이 든다. 이것을 읽은 사람의 마음을 아프게 할지는 모르지만, 언젠가 이런 기억도 희미해질 수 있는 날도 오리라고 생각하고 남겨두고 싶은 마음에 여기에 써 본다.

오늘 문득 떠오르는 것은 범현이 막내다. 몇 개월 되었을 때였나, 아직 젖만 먹고 있었을 때다. 범현이는 소아 천식이 있었고 감기에 걸렸는데, 숨을 쉬는데 힘들어서 눈이 이상해지고 경련을 일으킨 듯하여 김승주 소아과에 갔더니 한강성심병원으로 가란다. 소개서를 써주시고, 우리가 돈이 없다니까 20만 원을 선생님이 빌려주셨다. 한강성심병원에 가서 의사를 만나자, 첫마디에 "아기가 잘생겼다"라고 하셨다. 검사를 받는데 뇌파

검사를 무사히 받고 골수검사, 피검사를 할 때였다. 범현이는 죽을 힘을 써서 울었다. 간호사가 나를 쫓아냈다. 엄마가 견딜 수 없을 것이라고 배려해 주신 것이다. 골수검사는 어떻게 받았는지도 모른다. 똥을 많이 쌌다고 간호사님이 나에게 안겨줄 때는 범현이는 조용했다.

피 검사를 위해 목 부분으로 채혈할 때, 또다시 죽을 듯 울고 거부하는 것이었다. 나를 쫓아낸 다음, 잠시 후 간호사님이 웃으시고 "양보했어. 양보했어." 얼마나 많이 피를 뽑았는지 걱정돼서 "얼마나 뽑았어요?"라고 물었다. "5그램이에요"

범현이는 아팠지만 입원 중에도 매일 성장해가는 듯했다. 남편은 신문지국을 하고 있어서 일요일에 아이들을 데리고 왔다. 둘째 영현이 머리도 예쁘게 두 개로 묶어주고, 7살, 5살, 3살 아이들이 줄줄이 들어오니 병실의 다른 사람들이 깜짝 놀란 듯했다. 옆 아기엄마는 내가 아이를 기르는 것이 서투른 듯 보여 안쓰럽게 보고 계셨다.

퇴원하려고 하는데 돈이 없어서 퇴원을 바로 못 했다. 75만 원 병원비가 나왔는데 우리에게는 돈이 없었다. 병원에서는 어쩔 수 없다고 사회복지 쪽에 알아보라고 하셨다. 결국, 도련님이 와서 지불해 줬다.

그 밖에 떠오르는 것은 유치원에 동현이와 범현이를 맡겼을 때다. 동현이가 배가 아프다고 병원에 데리러 가기 위해 유치원에 갔는데 현관에서 엄마 아빠가 동현이를 데리고 가는 장면을 본 범현이가 갑자기 자기도 아프다고 얼굴이 이상해진다. 세 살 아이가 꾀병을 부리는 모습이 사랑스러웠다. 물론 우리는 같이 데리고 갔다.

동현이는 중이염으로 자주 성가병원 이비인후과에 갔다. 범현이는 어리니까 늘 함께 갔다. 간호사가 "너는 뭐하러 여기 왔어?"라고 사랑스러운 듯 말해줬다. 나중에 아이들이 성화하고 성화식장에 그때의 의사와 간호사가 일찍 찾아와 주셨다.

연말에 저금통에 일 년간 모은 돈으로 아이들 모두가 같이 놀 수 있는 장난감을 사러 가게에 갔다. 그 해는 블록을 사기로 하고 계산대에 줄 서 있는데 소방차를 가지고 방긋방긋 웃으며 달려오는 범현이 모습에 사주지 않을 수가 없었다. 특별히 예외로 그것도 사 주기로 했다.


네 남매 중에 동현이는 태어날 때부터 문제가 있었다. 바로 순천향병원에 가라고 하셨다. 태어나서 며칠 안 돼 한남역에서 언덕 쪽에 있는 순천향병원에 갔다. 선천성 갑상선 저하증, 치료를 받지 않으면 지적장애인이 될 병이었다. 정기적으로 가서

피 검사를 받고 갑상선 호르몬을 약으로 먹는 치료를 받았다. 범현이가 태어나고서는 나보다 아빠가 더 동현이를 데리고 병원에 갈 일이 많아졌다. 그때 동현이가 가는 길에 커스터드 크림이 들어있는 과자를 사달라고 했는데 돌아오는 길에 사주겠다고 해놓고서 잊어버리고 와버렸다고 한다. 아이들이 간 뒤 남편은 그것으로 오래도록 마음 아파했다. 떼를 쓴 것은 거의 없는 아이였는데 모처럼 해달라는 것을 못 해 줘서 그랬으리라.

  동현이가 배 속에 있을 때와 태어날 때는 생활이 아주 어려웠다. 빌라 전세금을 빼고 아무 권리도 없는 오쇠동 철거가 예정된 지역에 그냥 살았다. 마루에 비가 새는 집으로 대야를 받쳐 놓았다. 쥐도 많았고 여름엔 알 수 없는 벌레에게 자꾸 물렸다. 배 속에 있을 때 돈이 없어 밥과 김치만 먹고 지내서 그런지 동현이는 빈혈, 중이염 등으로 자꾸 아팠다. 유치원 때 어느 날 "엄마 안 들려."라고 동현이가 말했다. 자꾸 중이염에 걸려 고름이 고막 안에 차서 안 들리게 된 것이다. 수술하기로 했다. 링거주사를 맞고 수술실에 들어가는 장면을 기억하고 있다 생각해 보니, 귀는 아빠를 닮은 것 같다. 남편은 왼쪽 귀가 완전히 안 들린다. 어릴 때 중이염이었는데 아마도 제때 치료를 못 받아 안 들리게 된 듯하다. 동현이는 몸에 점이 많았는데 그것도 아빠와 닮았었다.

성격이 순하고 착한 동현이는 누나에게도 양보하고 동생에게도 양보하는 아이였다. 누나와 장난감을 교대로 갖고 놀기로 하고 자기 차례가 되었는데도 누나가 두 번 더 갖고 놀았는데도 화를 전혀 내지 않고 겸손히 "누나 그것 한 번 내가 쓰면 안 될까?"라고 물었다. 나는 그 정중한 말과 태도에 놀라곤 했다.

어느 날 동현이가 아빠의 품 안에 앉아 있는데 막내 범현이가 자기가 그곳에 앉겠다고 비키라고 떼를 썼다. 동현이는 일어서며 말했다. "아빠, 내일은 나만 안아주어야 돼" 그런 일이 몇 번이나 있었다. 아빠도 기억할 것이다. "내일은 꼭 나만 안아줘야 돼" 동현이는 매일 아빠 다리를 엄마가 안마해 주는 것을 원했다. 나도 네 아이를 기르느라 밤에는 상당히 피곤해 가끔 안마를 쉬고 싶은데 동현이는 아빠를 안마해 주란다. 같이 노래를 불렀다. 나무야 나무야 멜로디였다. "아빠야 아빠야 돌아다니는 아빠야 아빠야 아빠야 다리 아프지 아빠야 아빠야, 누워서 자거라~(나중에 누워서 주무세요로 바꿈)"

아빠가 누워 있는데 범현이가 기어가서 얼굴을 혀로 핥았다. "맛있다 맛있다"라고 하면 아빠는 "아 아!" 하고 비명을 지른다. 그 장면을 나는 흐뭇하게 지켜봤다. 난 남편을 사랑하고 싶었다. 그의 외로운 마음을 위로하고, 많이 웃게 하고 싶었다. 나 혼자는 부족했지만, 아이들이 아빠를 많이 사랑한다고 표현해

주는 것이 기쁘고 고마웠다. 생활이 어려워도 막내가 태어난 뒤 남편의 성격이 좋아지는 듯했다.

큰아이 주현이는 아빠를 많이 닮았었다. 체격, 목에 있는 경동맥의 모양. 약간 겁쟁이인 것(조그마한 벌레를 많이 무서워했고, 밤에 어두운 것도 무서워했다) **남편은 피를 보는 것을 무서워했으니까.**

2020년

# 살아있어 쥐서
# 고맙다

　나는 아이들 성화 후 2주 동안에 몸무게 5킬로그램이 빠졌다. 식사는 정상적으로 하고 있었다. 하지만 늘 안고 업고 손잡고, 누군가가 옆에 없는 날이 없었는데, 이제는 그 아이들이 없다. 그 충격과 변화. 정신적으로 생리적으로 적응하기가 어려웠다. 겨우 남편의 손을 잡을 때 안정이 되는 느낌이었다. 또, 아이들이 살아있는 꿈을 꿨다. "죽은 것이 아니라 살아 있었구나" 그 순간 깨는 일이 한동안 계속됐다. 아이들의 성화를 쉽게 받아들일 수가 없었던 것이다.

　어느 날, 일찍 마스코 준코씨가 보내 준 옷 상자에서 연보랏빛 원피스를 꺼내 입고, 늘 다니던 원종 시장에 갔다. 그 길에서 잘해주셨던 할머니를 만났다. 나를 보자 왈칵 안고 기도해 주셨다. 그리고 안쓰러운 듯 내 몸을 쓰다듬으셨다. "고맙다. 이렇게 살아있어 줘서 참 날씬해" 또, 지나가는 길에 어떤 할머니가 말을 걸어 주셨다. "너무 상심하지 말라. 나도 아이를 못 낳았어" 옛날에 한국에서는 아이를 못 낳으면 버림을 받은 것이었다. 얼마나 힘들고 괴로웠을까.

# 여덟 개의
# 눈동자

맑은 물은 물 바닥을 고스란히 비춘다. 깨끗한 거울은 내 모습을 잘 보게 해 준다.

오늘도 네 남매 집에 일본어를 가르치러 갔다. 일곱 살 순신이가 전자노트에 가타카나를 쓰다가 갑자기 선생님의 얼굴을 그리겠다고 나를 빤히 본다.

"선생님의 눈은 왜 갈색이에요?"
"응, 선생님의 아빠가 그러셨어. 사람마다 눈 색깔이 다르지. 파란 눈도 있다."
"빨간 눈도?"
"빨간 눈은 무서울 거야. 파란 눈과 약간 초록색 눈도 있어."

엄마가 책을 읽으라고 하니 소파에 앉은 내게 기대며 손을 만져 말한다.

"선생님, 이것 뭐예요?"

　내 손은 여자로서는 크고, 손등에는 혈관이 울퉁불퉁 나와 있다. 나이 들면서 갈색 콩버섯이 많이 피었다. 하도 안 예뻐 애초부터 매니큐어, 반지 발치 등에 관심이 없다. 그런데 손등 위쪽 엄지와 중지 사이 연장선에 3mm 정도 되는 굳은살이 있는 것을 가리켜 뭐냐고 물으니 놀라곤 하다. 잠시 엄숙한 마음이 들었다. 내가 모르는 나의 모습을 순신이는 보고 있다. 내가 모르는 나의 옆모습, 뒷모습까지도. 그리고 그곳에서 늘 무엇인가를 느끼고 배우고 있지 않을까.

　이 집에 오면 바로 문을 열어주는 아이들 엄마. 이제 15개월, 돌아다니고 말 아닌 소리를 내고 자기주장도 하기 시작한 딸 어령이가 있고, 바로 순신이가 태권도에서 돌아온다. 여러 학원으로 바쁜 6학년 율곡 군과 4학년 리만 군이 집에 와서 잠시 있다가 다시 나가 늦게 돌아온다. 나는 이 여덟 개의 눈동자에게는 어떻게 비춰지고 있을까. 이 아이들 앞에 부끄럽지 않는 모습으로 살아가고 싶은데.

2023년 10월

# 밀양

"내가 용서 안 했는데 왜 하나님이 먼저 그를 마음대로 용서하셨습니까?" 아이 엄마는 아들을 죽인 살인범을 만난 뒤 그대로 쓰러진다.

영화 '밀양'. 주인공이 감옥에 있는 살인범을 용서하기 위해 찾아가는 장면이다. 그녀는 피아노 선생님. 남편이 교통사고로 죽고, 밀양에 가서 방을 얻으려는 과정에서 아들을 유괴당한다. 끝내 아들은 시체의 모습으로 발견, 정신을 잃은 주인공. 미친 듯 울부짖고 슬퍼하는 가운데 교회에 오게 된다. 그곳에서 하나님의 사랑을 경험한 주인공은 기쁘고 감사에 넘쳐 열심히 신앙생활을 한다. 신앙이 깊어갈수록 그녀는 예수님의 '원수를 사랑하라.'는 가르침을 실천해야겠다고 느끼게 된다. 그리고 어느 날, 살인범을 용서하기 위해 감옥에 찾아가는 결심을 한다. 드디어 감옥에 찾아가 그를 만났다. 그런데 이상하게도 고뇌 속에 있으리라 생각했던 살인범은 너무나도 평화스러운 얼굴을 하고 있지 않은가. 가지고 간 꽃을 내밀고 그녀는 말한다. "예쁘죠? 이 꽃도 하나님이 사랑하고 돌봐주시더라고요." 자기가 하나님을 영접한 이야기를 하자 그 살인범은 입을 연다. "자매님으로부터 하나님의 이야기를 들으니 너무나 감사합니다. 저도 하나님을 영접했습니다. 눈물로 회개하니까 하나님은 이 죄인을 용서해 주시더라고요." "아 그래요. 그러셨군요." 형무소를 나가 바로 그녀는 쓰러진다.

집에 간 뒤에 그녀는 방심하듯 멍하고, 목사의 말도 신도의 위로도 귀에 들어오지 않는다. 그녀는 방황하고 부흥회 기도 배경음악을 '거짓말이야'라는 트로트로 바꾸고 독실한 신앙자인 장로를 유혹하고 마지막에는 손목을 자르고 피투성이가 되어 병원에 실려 간다.

어쩌면⋯ 그렇다. 아이 엄마는 남편이고 살인범은 나 입장이었다. 21년 전 그 화재. 4남매의 죽음. 하늘의 뜻이 있었다고 하지만, 현실은 나의 실수로 일어난 일이었다. 남편은 나를 용서가 안 되는데, 나는 이미 하나님 앞에 용서받고 편안한 모습이었다. 아픔과 슬픔이 컸지만, 현실을 열심히 살려고 했었다. 차라리 내가 슬픔으로, 또한 죄책감으로 마쳤었으면 그는 불쌍하게 여기고 또 마음에 위로를 느꼈을 수도 있다.

　사람들의 온정으로 모인 돈으로 집을 사서 돈이 없어진 무렵, 돈을 빌려달라는 사람이 있었다. 남편이 카드로 빌려주겠다는 말에 화가 나 반대한 나는 "나는 전처럼 살고 싶지 않아요. 여기저기 빚져놓고. 당신의 빚도 교회장님을 사랑하지 못한 죄도 아이들이 다 지고 갔잖아요!" 남편은 세계일보 운영을 하는데 현실을 잘 보지 못했다. 또 인간관계, 특히 젊은 교회장님과 관계가 아주 어려웠다. 아이들이 간 뒤도 변함이 없어 그것이 나의 걱정이었다. 하지만, 그것은 나의 입장이다.

　서로 오가는 말들이 너무나도 잔인한 말이 많았다. 남편의 입장에서도 어처구니없는 발언이다. 나는 길거리에서 남편에게 많이 맞았다. 그때부터 폭력은 한 달을 넘지 못하고 관습적으로 이루어졌고, 5년째 되어서야, 우리는 헤어질 위기를 맞이했다.

　이해하지 못하고 받아들이지 못했던 그의 행동이 긴 시간과 아픔을 겪은 뒤, 떨어져 보니 나의 잘못이 발견되면서 차츰 이해되었다. 이해했다 한들 무슨 소용인가. 시간을 다시 되감아 본다 해도, 내가 같은 행동을 했을 것인데. 내 인격의 결핍된 부분이고 정이 부족하고 눈치와 사랑이 없어 나온 언행이었다. 아니, 나 자신도 그렇게 간신히 살았던 시간이었으니까. 아무래도 우리에게 짐이 무거웠다고 말하고 싶다. 멀어졌지만 지울 수 없는 그 사람이기에.

   내가 '부부'라는 시를 써서 문예수업에 나가려는데 발을 헛디뎠다. 아픈 순간 난 '그에게 무슨 일이 있나?' 나도 모르게 기도했다. 어느 순간마다 왜 나는 그를 떠올릴 수밖에 없는가. 역시, 어디에서도 그를 떨쳐버릴 수가 없었다. 지금도, 아마 영원히.

2023년 2월

시의 장

# 선물 같은 하루

# 낙엽 이야기 1

떨어지는 순간이 제일 아름답다고 알았어요.
지난여름에
"햇볕을 많이 받았어요"
"벌레가 먹고 놀다가 갔어요"
이야기하고 있네요.

나는 내게 묻는다.
너는 이 삶의 마지막 날에
어떤 빛을 발하는 것인가.

# 낙엽 이야기-2

햇볕을 품고
서로 몸을 기대며
옛이야기 하는
그 소리 들리네요.

뾰족하지만
아무도 해치지 않아요.
먼저 부스러지니까

겹겹이 쌓여간다.
다시 생명을 품을 때를 기다리며

## 낙엽 한 장

낙엽 한 장에
당신을 그리워합니다.
아주 작은 요정이 되어서
그 안으로 들어가보고 싶고
함께 날아가고도 싶어라

낙엽 한 장 그 향기에
깊어가는 가을 속에
녹아버리고 싶어라

# 가을 친구

은행나무 가로수는
황금 양탄자를 깔아 놓고

단풍 숲은
빨강 돗자리를 깔아 놓고

플라타너스 나뭇잎은
누구 놀라게 하려고 비행준비를 해놓고

누가 올까나?

## 비상

바람이 없는
고요한 숲
낙엽의 비행

꽃잎보다도
우아하여라

핑글핑글
둥실둥실
반짝반짝

대지를 향하여

## 평화의 합창단

남편의 숨소리 귀뚜라미 소리
남편의 코 고는 소리 귀뚜라미 소리
남편의 방귀 소리 귀뚜라미 소리

# 충전

당신과 나는 건전지와 충전기

플러스와 마이너스를 맞춰

하룻밤 재우면 알지요

다시 사용할 수 있는 이유

# 불완전의 방정식

당신도 불완전

나도 불완전

그래도 괜찮아요

불완전은 불완전으로 곱하면서

사랑의 완전한 정답을

오늘도 찾아가니까요

# 진주조개

작은 돌 하나 품고
그대는 아파
눈물을 흘렸지

먼 바다에서
세월이 흐르는 것도 모른 채

은은히

겨울 달빛처럼
빛나는 돌 하나

# 귀화(歸化)

한국의 흙이 되겠다고
귀화하기를 결심했다.
일본대사관에서
국적 포기 신청한 날
벽의 일본 지도를 보고
'지금까지 신세 졌습니다. 감사합니다'
마음으로 인사했다.
국경 너머 울려오는 엄마의 목소리
"그래도 엄마의 딸인 것은 변함없지?"

# 안 아픈 세상 한의원

무릎이 아파 한의원에 갔다.
'안 아픈 세상 한의원'

원장님이 말씀하시기를
"아프다는 것은 살아있다는 거예요"

문득 생각나 마음이 아플 때마다
오늘도

"살아있구나, 감사합니다."
혼자 중얼거린다.

## 제비꽃

길가에도
하수구에도
피었네요

떨어진 곳에서
최선을 다해 피어있는
너의 모습

그 어떤 꽃보다도
세상에서 제일 아름다운 꽃이라고
난 너를 기억하고 있을 거야

# 오랑캐꽃[1]

꽃은 무심히 오늘도 피지만

그대 이름은 슬픈 오랑캐꽃

제비가 날아올 때쯤에 피어

제비꽃으로 알았는데 또 하나의 이름을 알아버렸네.

오랑캐가 쳐들어왔다가 민족을 짓밟고

그들이 간 뒤에 피어있었던가.

---

1 제비꽃의 다른 이름. 오랑캐의 뒷모습과 제비꽃 뒷모습이 닮아서 지어진 이름이라고 한다.

## 수락산 소나무를 그리며

얼마나 많은 세월을 견뎠을까
어린 소나무는 찬바람과 눈을 만났어
위로 자랄 수 없어
옆으로 옆으로 길 수밖에

바위에 뿌리를 내리고 또 내리고
뽑히지 않으려고 애를 썼지

더운 여름엔 이슬을 마셔
바위속으로 또 뿌리를 내렸지
아래로 아래로

쌩쌩 바람이 부를 때마다
소나무는 몸을 낮추어
뿌리를 또 내리고 내렸을거야

그리고 내게 말한다

너도 나처럼 살아보라고

# 길이 되리라

가시덤불 낯선 풀숲도
가다 보면 길이 되리라
가시에 찔려
억센 이파리 나를 해쳐도

맨손에 낫으로 풀을 베어
자국을 남기면
넘어져도 다시 오던 길을
찾을 수 있지

오고 가고
가고 오고
두 번 세 번
세 번 네 번

그러다가 드디어
이곳이 또한
사람이 다니는 길이 되리라

– 네가 가면 길이 되는 거야. 처음부터 길이 있었던 것이 아니다. 가면 돼. 오늘도 가고 내일도 가고 그럼 길이 된다. 가시덩굴 낯선 풀숲도 –

# 물음

귀뚜귀뚜 소리가 들린다
세 살 어령이가 묻는다
왜 왜?

응, 같이 놀자
라고 하는 거예요

공원에서 집으로 가는 길
땅강아지가 찍 찍찍대니
어령이는 묻는다
그런데 왜?

응, 같이 놀사 난 내가 좋아
하는 거예요

어령이는 바퀴 달린 자전거를

신나게 타고

뒤따라가는 내 마음에

그런데 왜?

목소리 울려 퍼진다

# 별이여

별이 빛을 더한다
흑암이 오는 것이다
구름이 흐르고…

안녕!
저편에 도착할 때까지
더욱 더 빛나라
별이여

# 구름 둘

저녁 하늘에 구름 둘
나란히 헤엄친다
혼자가 아니란 게
좋네
말하면서

# 세상에서 가장 행복한 엄마

예쁜 옷 하나 없어도
멋진 집 하나 없어도
침 묻은 포대기로 막내를 업고
낡은 점퍼를 뒤집어쓰고
유모차에는 셋째를 태우고
둘째는 옆에서 걷고
뒤에서는 첫째 아이가 자전거를 타고 따라옵니다
그리고 노래 부르면서 논길을 걸어갈 때
"세상에서 가장 행복한 엄마"라고
세상에 부러울 게 하나도 없었습니다

영리하고 밝은 아이들의 미소를 보고 있으면
걱정도 고생도 모두 잊어버리고
"세상에서 가장 행복한 엄마"라고
활짝 웃을 수 있는

그런 행복…

네 아이를 잃은 지금
그것을 더욱 깊이
알 수 있습니다

그래도 아버지
저는 감사합니다
역사를 통하여
자식을 찾아오신 당신의 고통을
한 순간도 잊어버리지 않게 해 주셨습니다.
당신이 저를 진정 친딸로 맞아주시고 사랑하시고
당신 곁에 있게 해주셨습니다

자식을 사랑하는 기쁨을 가르쳐 주시고
사랑하는 자식을 잃은 슬픔을 가르쳐 주셨습니다
그리고 잃어버린 자식을 다시 그 품에
안고 싶은 갈망 속에
눈물로 지내오신

당신의 그 시간이 얼마나 길었는지를

얼마나 괴로웠는지를

이제 알기 시작했습니다.

2002년 말.
엄마 문효원

## 약속 (주현이에게)

주현아,
장미가 너무 예쁘게
피었어요
지금 뭐 하고 있니?

주현이가 이 세상에
태어난 날을 생각하고 있어요
장미가 웃으면서
"축하합니다"
말했어요

너무나 사랑하는 주현이
너무 귀엽고 너무 착하고
얼마나 자랑스러운 아들이었는데…
주현아,

엄마 주현이를 너무너무 사랑해

주현이도 엄마 보고 싶지?

그런데 엄마 주현이에게 할 말이 있다

주현이의 진짜 아빠 엄마는 하나님이란다

엄마보다 주현이가 조금 빨리 먼저 하나님한테 간 거란다

그래 엄마보다 더 주현이를 많이 사랑하시는

하나님 곁에 가서

세상에서 제일 슬픈 하나님을 만나

위로하렴

엄마도 그럴 거야

임마도 그럴 거야

더 슬픈 하나님을 아는 자가 될 거야

더 슬픈 하나님을 모시는

우리는 참가정이 될 거야

그 약속을

주현이랑 엄마랑 오늘 합시다

유미키리겐만… 약속…!

영현이도 동현이도 범현이도 다 같이 약속!!

2003년

## 그때 내가 꿈꾼 대로

그때 내가 꿈꾼 대로
그 자리에
꽃이 많이 피었으면

아름다운 꽃동산 만들고
아이들이 놀러 오도록
나비들이 날아 오도록

비행기가 가깝게 보이는
옛날처럼 모두 밭에 서서
비행기를 구경도 하고
배드민턴과 축구도 하고

돗자리에 앉아 과자도 먹고
맥콜도 마시면서

해가 지는 것을

기다려 보고 싶다


그 집이 철거됐다고 한다

빨강 흙만 보인다고 한다.

2003년.
문효원 자작 시 노트에서

# 카페에서

유리창 넘어
남천 잎사귀 흔들린다

심어진 걸까,
버려진 걸까.

있는 그대로가
아름답지 않니.

자랑할 것도 없지만
기죽을 것도 없잖아

그저
내 모습 그대로.

## 행복

마음이 편한 게 최고지

큰 집도 높은 지위도
많은 재산도

그릇이 없으면

짐이 되고
화가 될 법

분에 맞게 살아 보렴
작은 행복
바로 시작할 테니까

## 상사화

그리움으로 물든 몸으로 피어난 꽃
검은 나비 꿀만 찾는다

나를 부르는 이는 보이지 않고
내 마음만 홀로 타오른다

## 신기루

만지려고 하면 사라지는
그런 사랑이었어
어쩜 진짜 같았나

사랑에 메마른 내 마음이었기에
실체처럼 느꼈을 뿐
그것을 알면서도

나는 무엇을 그리워하고
누구를 그리워하는가

만나야 되는 사람
만나지 않아야 되는 사람

그것도 알고 다
알고 있는데

현실은 따갑고
신기루는 달콤하다

## 그리움은 지칠 줄 모르고

그리움은 지칠 줄 모르고
아픔으로
혹은 기쁨으로 나를 이끈다

늘 어딘가로
늘 누군가에게로

오늘도 나는
그리움에 기대어 길을 걷는다

-2025년 10월

평설_ 문효원 시와 수필의 세계

## 슬픔을 넘어 기쁨의 성숙 단계로

윤영남 | 교육학박사, 수필가, 문학평론가

　슬픔과 기쁨은 흔히 정반대의 감정으로 인식되지만, 문학에서는 종종 '슬픔을 통한 기쁨의 성숙'이라는 역설적 관계로 나타납니다. 그 거리가 좁혀지거나 의미가 전복되기도 하기 때문입니다. 문학적 작품 속에서도 일반적인 통념과 반대로 '슬픔'이란 긍정적 화자가 '기쁨'이라는 부정적 청자에게 이야기를 할 수 있습니다. 여기서 『슬픔이 따스함으로 변할 때까지』 문효원의 작품집도 슬픔은 '이웃의 고통과 소외를 공감하고, 나아가서 나의 아픔이 지닌 슬픔과 함께하려는 연민의 마음'을 상징합니다. 문효원의 최근 작품 '그리움은 지칠 줄 모르고'에서도 가슴 속에 박힌 아픔을 슬픔의 저 너머로 자신의 길에서 기댈 수 있는 그리움으로 자리매김하고 있습니다.

그리움은 지칠 줄 모르고
아픔으로,
혹은 기쁨으로 나를 이끈다

늘 어딘가로
늘 누군가에게로

오늘도 나는
그리움에 기대어 길을 걷는다 (2025.10)

— 문효원의 '그리움은 지칠 줄 모르고' 전문

  문효원의 시는 타인의 고통에 무관심한 이기적인 삶(기쁨)을 비판하고, '사랑보다 소중한 슬픔'을 노래하면서 함께 가는 길에서 선언합니다. 이 슬픔을 통해 진정한 사랑과 더불어 사는 삶(궁극적 기쁨)에 이를 수 있음을 역설합니다. 특히 '물음'에서 깊은 슬픔을 작가는 시와 수필로 누구에게 묻고 있습니다. 그 대상이 신이든지, 사물이나 사람, 아니 자신에게로.

귀뚜귀뚜 소리가 들린다
세 살 어령이가 묻는다
왜 왜?
응, 같이 놀자

라고 하는 거에요

공원에서 집으로 가는 길
땅강아지가 찍 찍찍대니
어령이는 묻는다
그런데 왜?

응 같이 놀자 난 내가 좋아
하는 거예요

어령이는 바퀴 달린 자전거를
신나게 타고

뒤따라가는 내 마음에
그런데 왜?
목소리 울려 퍼진다

– 문효원의 시 '물음' 전문

즉, 문학에서 진정한 기쁨은 슬픔(타인의 고통에 대한 연민과 성찰)을 겪고 인식하는 과정을 거쳐야만 도달할 수 있는 '가까운 거리'에 놓이게 됩니다. 슬픔은 기쁨의 토대가 될 이유이기 때문입니다.
어느 순간에 상실과 성숙의 관계로 변화할 수 있는 길입니다. 'No pain, No gain'처럼, 문학은 고통과 슬픔을 겪고 난 후 얻는 성숙과 깨달음을 통해 진정한 기쁨과 위안에 도달하는 과정을 자주 다룹니다. 이때 슬픔은 기쁨을 향한 필수적인 여정이며, 두 감정은 분리된 것이 아니라, 인간 본성에 내재된 역동적인 관계 속에서 실체도 신기루처럼 사랑의 원관념도 상실했지만, 여전히 그리움으로 존재합니다.

만지려고 하면 사라지는
그런 사랑이었어
어쩜 진짜 같았나

사랑에 메마른 내 마음이었기에
실체처럼 느꼈을 뿐
그것을 알면서도

나는 무엇을 그리워하고
누구를 그리워하는가
만나야 되는 사람
만나지 않아야 되는 사람

그것도 알고 다
알고 있는데
현실은 따갑고
신기루는 달콤하다

— 문효원의 시 '신기루' 전문

앞으로 문효원의 시는 더욱 성장과 발전할 것입니다. 함축성과 압축성이 특징이므로, 언어의 음악성, 심상(이미지), 상징을 중심으로 변화되어 나아질 것입니다. 시를 이끌어가는 목소리(화자)의 태도와 처지, 그리고 그가 말을 건네는 대상(청자)의 의미를 파악하여 시의 주제를 심층적으로 이해합니다. 「슬픔이 따스함으로 변할 때까지」에서는 슬픔을 긍정적 화자, 기쁨을 부정적 청자로 설정한 대칭의 방식입니다. 운율(내재율), 연과 행의 배치, 행갈이, 반복되는 시어와 문장 구조 등을 분석하여 시인이 의도한 정서적 효과와 의지를 파악하면, 더 관심을 끌 수 있는 작품으로 기대가 큽니다.

당신과 나는 건전지와 충전기
플러스와 마이너스를 맞춰
하룻밤 재우면 알지요
다시 사용할 수 있는 이유

― 문효원의 시 '충전' 전문

특히 사용된 비유, 상징, 이미지 등의 시어를 정밀하게 분석하여 보면, 시인의 내면세계와 주제 의식을 해석할 수 있습니다. '낙엽', '상사화', '귀화'가 상징하는 이중성과 현실 비판의식도 시적 이미지가 좋기에, 문학적 가치 부여의 접근이 가능합니다.

또한, 여러 편의 시에 담긴 핵심 주제가 현재 사회 현실이나, 작가가 직접 하고 있는 직업 및 일본과 한국의 문화적 측면에서나, 문학사적 맥락에서 어떤 의미를 갖는지 비판적으로 조명할 수 있기 때문입니다.

문효원의 수필은 경험과 성찰, 개성적인 표현이 특징인 '산문 형식의 글'이므로, 자기 고백성, 사유의 깊이, 문체의 독특성을 중심으로 솔직담백합니다. 간결한 어조에 담긴 깊은 의미의 여운은 깊고도 길게 느껴집니다('밀양', '여덟 개의 눈동자', '물음'). 수필에 제시된 구체적인 에피소드(경험)가 현재의 생각(성찰)으로 이어지는 과정을 파악합니다. 수필의 짜임새가 자연스럽게 진술되어 읽기에도 편안함을 줍니다.

-중략- 이해하지 못하고 받아들이지 못했던 그의 행동이 긴 시간과 아픔을 겪은 뒤, 떨어져 보니 나의 잘못이 발견되면서 차츰 이해되었다. 이해했다 한들 무슨 소용인가. 시간을 다시 되감아 본다 해도, 내가 같은 행동을 했을 것인데. 내 인격의 결핍된 부분이고 정이 부족하고 눈치와 사랑이 없어 나온 언행이었다. 아니, 나 자신도 그렇게 간신히 살았던 시간이었으니까. 아무래도 우리에게 짐이 무거웠다고 말하고 싶다. 멀어졌지만 지울 수 없는 그 사람이기에.

-중략-

-문효원의 수필 '밀양'에서 일부분을 발췌-

문효원의 수필에 드러난 작가의 개성과 세계관, 가치관을 분석하면, 글에 담긴 연민, 인간관계(관계)에 대한 고려, 자기 고백의 진정성 등을 언제나 윤리적인 관점에서 성찰합니다. 평이하면서도 정교한 표현, 직유, 묘사 등의 문장 진술 방식이 대상의 특징을 인상 깊게 만들고, 작가의 의도를 효과적으로 전달합니다. 수필의 격을 높이는 중층적 구조와 변용의 기술을 주목할 수 있습니다. 작가의 지극히 개인적인 경험이 독자에게 보편적인 울림과 공감을 줄 수 있는지에 대한 명확한 내용을 전개해 줍니다. 즉 '나의 이야기'를 통해 '우리 모두의 이야기'를 담아냈으니까요.

-중략- 잠시 엄숙한 마음이 들었다. 내가 모르는 나의 모습을 순신이는 보고 있다. 내가 모르는 나의 옆모습, 뒷모습까지도. 그리고 그곳에서 늘 무엇인가를 느끼고 배우고 있지 않을까.

이 집에 오면 바로 문을 열어주는 아이들 엄마. 이제 15개월, 돌아다니고 말 아닌 소리를 내고 자기주장도 하기 시작한 딸 어령이가 있고, 바로 순신이가 태권도에서 돌아온다. 여러 학원으로 바쁜 6학년 율곡 군과 4학년 리만 군이 집에 와서 잠시 있다가 다시 나가 늦게 돌아온다. 지금, 내가 이 여덟 개의 눈동자에 어떻게 비춰지고 있을까. 이 아이들 앞에 부끄럽지 않을 모습으로 살아가고 싶은데. (2023.10) -중략-

-문효원의 수필 '여덟 개의 눈동자'에서 일부 발췌-

이제부터 모든 아픔을 딛고 슬픔이 따스해질 때, 문효원 작가는 시와 수필을 짓고 빚으며 더욱 빛날 한국인입니다. 해서 일본에서 귀화한 한국인으로서 당당한 삶의 주인공이며 승리자에게 박수를 보냅니다. 각 장르의 특징을 명확히 이해하고, 시와 수필을 통해서 방법과 자신이 주요하다고 여긴 관점을 작가는 꾸준히 찾아가는 문학의 길에서도 더 노력할 것입니다.

　『슬픔이 따스함으로 변할 때까지』의 작품집을 두 번째 책으로 상재한 작가의 문학적 열정과 치열한 삶의 수레에서도 굴하지 않는 의연한 자세를 높게 치하합니다. 일본과 한국에서 보고 느낀 모든 삶의 자화상을 펼쳐 보듯, 화자나 청자로서 한 여류 작가의 자서전처럼 공감으로, 친근한 일체감을 깊게 느꼈습니다. 앞으로도 날마다 더욱 큰 발자취를 남길 작가에게 문운(文運)과 행복의 문이 활짝 열리길 바라면서 벅찬 기대와 소망의 마음을 전합니다. 깊은 사랑과 축복으로.

에필로그

여기서 펜을 일단 멈춘다. 하지만 the end. 가 아니라 to be continued…라고 말하고 싶다. 이렇게 말하고 독자 여러분에게 변명 아닌 변명을 한다. 내 사랑의 길은 계속될 거라고. 불의의 사고로 아이들을 하늘에 보냈지만, 그 사랑은 끊기지 않았다. 잠시 힘들어 남편과 헤어졌지만, 그와의 사랑도 나는 포기하지 않았다고. 그것이 말이 되는지 아닌지 몰라도.

사랑의 다리가 되고 싶었다. 한국과 일본 두 나라의 아픈 사연, 회복 불가능 같은 상황이 와도, 나를 밟고 사람들이 많이 오고 가게 되면 좋겠다. 우주 만물 세계가 그런 것처럼, 우리 사는 인간의 세계도 어쩔 수 없이 모두가 하나의 유기체로서 관계가 없는 것이 없다.

이번 행복 에너지 사장님과 인연이 되어, 책을 출판하게 된 것이 무한한 영광이며 행복이다. 이 만남도 '꽃뜰시낭송회' 엄경숙 원장님을 통해 시 낭송을 배웠고, 처음 한국어를 익히며, 문학성내에서 시와 수필을 문우들과 함께 윤영남 교수님께 배웠다. 귀한 만남에 감사함으로, 내 자신의 힐링과 희망의 길이 보였다. 부디, 건강하고 건전하게 글을 쓰면서 더 좋은 만남으로, 함께 밝은 사회, 아름다운 미래가 작품 속에서도 이루어지길 소망한다.

## 출간후기

권선복 도서출판 행복에너지 회장

『슬픔이 따스함으로 변할 때까지』는 한 일본 여인의 인생에서 피어난 가장 아름답고 숭고한 이야기입니다. 이 책을 읽는 내내 저는 인간이란 얼마나 깊이 사랑하고, 얼마나 넓게 용서할 수 있는 존재인가를 새삼 느꼈습니다.

저자 문효원 님은 일본인으로 태어나, 한국이라는 낯선 땅에서, 그리고 통일교라는 독특한 인연 속에서 한 한국 남성과 결혼하며 인생의 또 다른 여정을 시작했습니다. 그 여정은 순탄하지 않았습니다. 문화의 차이, 언어의 벽, 신앙의 경계, 그리고 그 위에 얹힌 인간의 고독까지 — 그 모든 것을 감내하며 그녀는 '사랑'이라는 이름으로 견뎠고, 결국 그 사랑을 '용서'로 승화시켰습니다.

이 책은 그 모든 세월의 무게를 조용히 품은 한 여인의 참회록이자 회복의 일기입니다. 그녀는 외국인으로서의 소외와 편견을 이겨내고, 한국인보다 더 한국을 사랑하게 되었으며, 믿음 속에서 자신을 온전히 내어주며 진정한 '가족'과 '믿음의 의미'를 배워갔습니다.

책장을 넘기다 보면 독자는 어느새 문효원 님의 내면 속으로 걸어 들어가게 됩니다. 그녀가 남편의 손을 잡고 울던 밤, 하늘을 바라보며 "이 길이 맞을까" 묻던 순간, 그리고 그 모든 슬픔이 결국 '따스함'으로 바뀌는 기적의 순간들. 그 장면마다 눈물이 고이고, 마음이 뜨거워집니다. 그녀는 신앙과 인간의 갈등, 사랑과 현실의 간극 속에서도 끝내 한 가지 믿음을 놓지 않았습니다.

"사랑은 결코 헛되지 않다. 그 사랑이 슬픔을 품을지라도, 결국 누군가의 가슴을 따뜻하게 덮어줄 것이다."

　이 문장은 저자의 삶 전체를 관통하는 고백이며, 바로 이 책이 세상에 존재해야 하는 이유이기도 합니다. 『슬픔이 따스함으로 변할 때까지』는 단순한 자전적 에세이가 아닙니다. 그것은 국적과 언어, 종교와 문화를 초월한 인간애의 기록입니다. 저자는 한국에서 겪은 외로움과 좌절을 통해 오히려 더 깊은 사랑과 신앙의 본질을 깨닫게 되었고, 그 경험을 통해 "진정한 믿음이란 서로를 이해하고 품어주는 일"임을 보여줍니다. 이 책에는 통일교라는 신앙적 배경이 자리하고 있지만, 그 본질은 종교가 아니라 '사람'에 대한 이야기입니다.

　문효원 님의 글은 화려하지 않습니다. 그러나 그 담백함 속에 깃든 용기와 진심은 읽는 이의 마음을 천천히 녹입니다. 그녀의 문장은 교훈을 말하지 않아도, 그 자체로 '삶의 깨달음'이 됩니다. 그녀는 우리에게 말합니다.

　"슬픔은 피할 수 없지만, 그 슬픔을 품는 마음은 선택할 수 있다."

　그 선택을 통해 그녀는 아픔을 희망으로, 눈물을 감사로 바꾸었습니다. 그 모습이야말로 인류의 가장 아름다운 가능성입니다.

　이 책을 덮으며 저는 마음 깊이 감사했습니다. 한 일본 여인이 한국의 땅에서, 신앙과 사랑, 그리고 용서를 통해 '인류의 따뜻함'을 증명해 보였다는 사실에. 『슬픔이 따스함으로 변할 때까지』는 그저 한 사람의 인생이 아니라, 한 시대의 영혼이 남긴 진심의 기록입니다. 이 책이 많은 독자들에게 위로와 깨달음을 전하며, 국경과 종교를 넘어 서로의 마음을 잇는 다리가 되기를 간절히 소망합니다.

　도서출판 행복에너지는 언제나 믿습니다. "사람은 책을 만들고, 책은 사람을 만든다." 문효원 님의 삶이 그 진리를 가장 아름답게 증명해주셨습니다. 이 책이 더 많은 이들에게 슬픔을 이겨내는 힘과 사랑으로 살아가는 용기를 전하길 바랍니다. 행복이 샘솟는 책, 에너지가 넘치는 책 ―『슬픔이 따스함으로 변할 때까지』가 바로 그 이름에 걸맞은 작품입니다.

좋은 **원고**나 **출판 기획**이 있으신 분은 언제든지 **행복에너지**의 문을 두드려 주시기 바랍니다.
ksbdata@hanmail.net  www.happybook.or.kr  문의 ☎ 010-3267-6277

## '행복에너지'의 해피 대한민국 프로젝트!

### 〈모교 책 보내기 운동〉 〈군부대 책 보내기 운동〉

한 권의 책은 한 사람의 인생을 바꾸는 힘을 가지고 있습니다. 한 사람의 인생이 바뀌면 한 나라의 국운이 바뀝니다. 그럼에도 불구하고 많은 학교의 도서관이 가난하며 나라를 지키는 군인들은 사회와 단절되어 자기계발을 하기 어렵습니다. 저희 행복에너지에서는 베스트셀러와 각종 기관에서 우수도서로 선정된 도서를 중심으로 〈모교 책 보내기 운동〉과 〈군부대 책 보내기 운동〉을 펼치고 있습니다. 책을 제공해 주시면 수요기관에서 감사장과 함께 기부금 영수증을 받을 수 있어 좋은 일에 따르는 적절한 세액 공제의 혜택도 뒤따르게 됩니다. 대한민국의 미래, 젊은이들에게 좋은 책을 보내주십시오. 독자 여러분의 자랑스러운 모교와 군부대에 보내진 한 권의 책은 더 크게 성장할 대한민국의 발판이 될 것입니다.

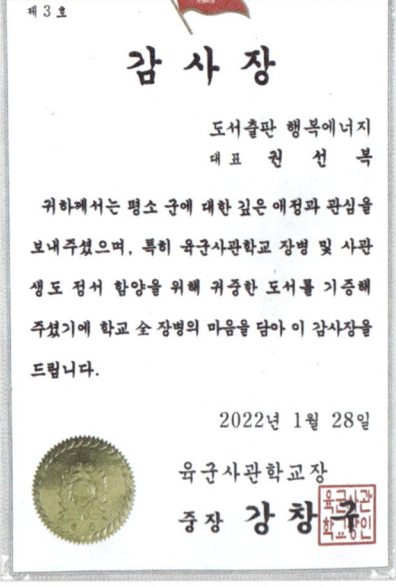